Gunter Haug
Spuk

Gunter Haug

Spuk

Von Geisterburgen und Gespensterschlössern
in Baden-Württemberg

Silberburg-Verlag

7 6 5 4 3 2 1
99 98 97 96 95 94 93

Abbildungen: Archiv Silberburg-Verlag.
Die Abbildung auf dem Umschlag zeigt Schloß Bronnen
(Aquatinta von J. Ruff, 1835, nachträglich koloriert).
Druck: Hofmann, Augsburg.
Printed in Germany.

ISBN 3-87407-166-9

Inhalt

Zunächst dieses ...

Nein, ich glaube nichts von den hier geschilderten Geschichten, außer daß sie seit Jahrhunderten erzählt werden, und nochmals nein: Sie entbehren jeglichen Beweises als Grundlage, außer der Tatsache, daß es vor vielen, vielen Generationen bereits Menschen gegeben hat, die Stein und Bein darauf schworen, daß die von ihnen wiedergegebenen Phänomene echt sind.

Der Glaube an Geister zieht sich in unterschiedlichsten Ausprägungen durch alle Kontinente, alle Völker, alle Zeiten. Woher mag er rühren?

Immer schon haben sich die Menschen gefragt, woher sie kommen und wohin sie wohl gehen. Ist mit dem körperlichen Ende alles aus? Gibt es ein Leben nach dem Tod? Primitive wie hochstehende Kulturen antworten auf diese Frage mit einem klaren Nein. Auch nach dem Tod existiert der Mensch weiter, in einer wie auch immer gearteten, ganz anderen Form. Wenn dies jedoch so ist, dann besteht hier auch genügend Platz für Hoffnungen ... oder für Ängste.

»Herr, gib ihnen die ewige Ruhe! Lasse sie ruhen in Frieden!« beten Christen für ihre verstorbenen Freunde und Angehörigen, laß es ihnen also nicht so ergehen wie den auf ewig Verdammten, die keinen Frieden finden, deren Seelen unerlöst und gequält in der dunklen Ewigkeit umherirren bis zum jüngsten Tag.

Wo es eine Macht des Guten gibt, muß auch ein Gegenpol vorhanden sein, die Macht des Bösen: Das glaubten schon die Menschen, von denen im Alten Testament die Rede ist. Und der Sieg der Schlange, des Teufels, des Bösen ist von Anfang an mit dem Tod verbunden. Nur ein gottgefälliger Lebenswandel, so predigte es die Kirche jahrhundertelang, eröffnet die Möglichkeit, daß die Seele des Menschen, wenn er das Zeitliche gesegnet hat, statt ins Fegefeuer in himmlische Welten und zum ewigen Leben gelangt.

Was tat man im Mittelalter, wenn jemand sein Leben ausgehaucht hatte? Man öffnete das Fenster des Sterbezimmers, damit die Seele des Dahingeschiedenen ungehindert aus dem Raum entweichen konnte. Denn man wußte: Die Seele verläßt im Augenblick des Todes den leblosen Körper. Was man aber gar zu gern erfahren hätte: Kam diese Seele direkt in den Himmel? Oder mußte sie für ihre auf Erden begangenen Sünden büßen, in welcher Form und wie lange?

So wurden die Menschen empfänglich für Botschaften aus dem Jenseits: Von weither schimmernde Lichter, ächzende Dachbalken, flakkernde Kerzen, ein kalter Luftzug, den man spürte, Nebel, der von einer Minute zur anderen aufzog – reale Erscheinungen also oder auch einmal Halluzinationen –, deutete man als Versuche der Toten aus dem Schattenreich, mit den Lebenden Kontakt aufzunehmen.

Wer sich im irdischen Leben eine schwere Verfehlung zuschulden kommen ließ, mußte, so der Volksglaube, sogar damit rechnen, daß er als »Wiedergänger« die Welt nicht würde verlassen dürfen, sondern in mehr oder weniger realer Gestalt den Ort der Verfehlung immer wieder würde heimsuchen müssen. Die Leiche eines Menschen, bei dem man dies befürchtete, wurde mit dem Gesicht nach unten in den Sarg gelegt; man zog ihr die Schuhe verkehrt herum an, durchbohrte den toten Körper mit einem Pfahl oder hackte ihm sicherheitshalber den Kopf ab.

Die abergläubische Furcht vor unheimlichen Besuchern aus dem Reich der Toten war also weit verbreitet. Damit erklärt sich im übrigen, weshalb Geister fast immer in weißem Gewand einherschweben: Es ist das Leichentuch, mit dem einst der Tote umhüllt war, oder das weiße Sterbehemd. Doch weshalb nun spukt es fast ausschließlich auf alten Schlössern oder

Burgen, in verfallenen Ruinen und anderen Adelsnestern? Warum nicht in Bauern- und Bürgerhäusern? War das gemeine Volk bräver, führte es ein gottgefälligeres Leben als der lasterhafte Adel? Vielleicht – aber das allein kann die Erklärung nicht sein. Es gibt noch einen viel simpleren, viel banaleren Grund: Die kleinen, die einfachen Leute hatten im Mittelalter weder das Recht zu einem üppigen Begräbnis noch die Mittel dafür. Ihr Leichnam wurde auf den Friedhof gebracht; das Holzkreuz auf ihrer letzten Ruhestätte war nach wenigen Jahren zerfallen, verwittert, vermodert, das Grab wurde abgeräumt, die sterblichen Überreste kamen in die Anonymität des Beinhauses, und schon war die Erinnerung an den Verstorbenen ausgelöscht – für alle Zeiten!

Ganz anders war dies natürlich beim Adel und seinen steinernen Denkmälern, Gruften und Sarkophagen, die nicht so leicht verwittern konnten, die die Jahrhunderte überdauert und die Erinnerung an diese Toten wachgehalten haben. Auch Urkunden, schriftliche Verträge und Chroniken, die von Adligen verfaßt worden waren und sich um Adlige drehten, sowie Bilder in Ahnengalerien halfen dem Gedächtnis auf die Sprünge.

Doch nun soll er endlich beginnen, unser Streifzug durch die Geisterwelt baden-württembergischer Schlösser und Burgen (samt einem Abstecher in ein Kloster und zu einem dunklen See). Natürlich gibt es noch viel, viel mehr Gespenstererzählungen. Auf den folgenden Seiten findet der Leser deshalb keineswegs alle Spukgeschichten aus Deutschlands schaurig-schönem Südwesten, aber dafür – dies sei in aller Unbescheidenheit gesagt – die schönsten.

Ammerbuch-Poltringen, im August 1993 *Gunter Haug*

Bronnen – *das* Geisterschloß

Wildromantisch auf einem Felssporn über dem Tal der jungen Donau liegt das Schlößchen Bronnen, das bis auf den heutigen Tag bewohnbar ist. Zwar sind schon um das Jahr 1200 Herren von Bronnen urkundlich erwähnt, aber besonders bedeutend war das Geschlecht wohl nie. So ähnelt ihre Burg eher einem Wohnturm oder einem Dreifamilienhaus, das von einem bizarren Felskranz umgeben ist. In späterer Zeit wurde neben das Schlößchen, das sich längst in den Händen derer von Enzberg befand, noch ein Jägerhäuschen sowie ein Fachwerkhaus für den Verwalter gebaut. Jedenfalls ist das Anwesen so unbedeutend, daß sich lange Zeit nicht eine einzige Gespenster- oder Spukgeschichte um das Gemäuer rankte.

Um diesen unbefriedigenden, ja demütigenden Zustand zu beenden, wurden um die Jahrhundertwende Gerüchte in die Welt gesetzt, nach denen es auf Schloß Bronnen durchaus spukte. Die großen Jahre der erfundenen Sagen in der Spätromantik waren allerdings schon vorbei, und so fanden sich auf Bronnen bald aufgeklärte Zeitgenossen ein, die alle »Beweise« des Schloßherrn und damit seine Hoffnung auf Anerkennung zunichte machten: Das merkwürdige, leise Klopfen und die knarzenden Geräusche rührten eindeutig vom Gebälk des Schlosses her, das auch nach Jahrhunderten noch arbeitete, und die langgezogenen Klageschreie entwichen nicht Gespensterkehlen, sondern den Stimmbändern einiger Käuzchen im nahegelegenen Wald.

Bevor also der gute Ruf als Geisterburg so richtig gewonnen war, war er auch schon zerronnen. Schloß Bronnen versank wieder in schiere Bedeutungslosigkeit.

Nach dem Ersten Weltkrieg häuften sich jedoch erneut Berichte von einem Geist auf dem Schloß. In einer ohnehin spannungsvollen Zeit sorgte diese Angelegenheit für erhebliche Unruhe. Einige wollten sogar wissen, ein Ritter von Bronnen, der im 14. Jahrhundert zwei Frauen und zwei seiner Diener mutwillig gemeuchelt habe, sei es, der zur Strafe für seine böse Tat, gequält von ewiger Suche nach Erlösung, umgehen müsse.

An einem schönen Tag des Jahres 1921 machte ein Priester namens Lehmann, der als Verwalter einer Missionsstation viele Jahre in Übersee verbracht und genug erlebt hatte, daß er durch nichts so leicht aus der Ruhe zu bringen war, eine Stippvisite auf Bronnen. Ein befreundeter Arzt hatte das Schloß als Sommerresidenz erworben. Der Geistliche war auf der Suche nach einem idyllischen Fleckchen Erde, auf dem sich vertriebene Ordensbrüder erholen könnten, und da schien ihm das herrlich gelegene Schloß Bronnen gerade recht.

Am Abend saßen die beiden Freunde, die sich lange nicht gesehen hatten, zusammen, und dabei berichtete der Arzt von unerklärlichen Vorgängen auf dem Schloß, die in letzter Zeit immer mehr zugenommen hätten. Als er gerade dabei war, einige Beispiele zu schildern, nahmen die beiden Männer Geräusche und Stimmen wahr, die vom Schloßhof zu ihnen heraufdrangen. Sie erwarteten keinen Besuch mehr und eilten deshalb ans Fenster, um nach der Ursache des Lärms zu sehen. Da gefror selbst dem hartgesottenen Missionar das Blut in den Adern. Im Abstand von etwa zwölf Metern hatte sich im Schloßhof ein mysteriöser, weißer, leuchtender Nebel gebildet, der die Umrisse einer überdimensionalen menschlichen Gestalt hatte. Plötzlich erhob sich die Erscheinung vom Boden und schwebte in vielleicht zwei Metern Höhe über den Schloßhof. Eine Runde. Und noch eine Runde. Und noch eine Runde. Dann gaukelte die Dunstgestalt über die Mauer und den Abgrund hinweg in Richtung Donau. Gleich darauf kam sie zurück und blieb schließlich – als wollte sie den Bericht des Schloßbesitzers durch ihre Anwesenheit untermauern – in einigen Metern Entfernung von den beiden Freunden in der Luft stehen.

Nachdem er den ersten Schreck überwunden hatte, nahm der Priester sein ganzes Gottvertrauen zusammen und fragte die Erscheinung, wer sie denn sei, was sie wolle, und woher sie komme. Auf die Antwort warteten sein Freund und er jedoch vergebens. Neuerliches Fragen – wieder keine Antwort. Endlich beschwor der fromme Mann die Gestalt: »Im Namen der heiligen Dreifaltigkeit, sag uns, wenn du eine arme Seele bist, was ist dein Begehren?«

Darauf ließ sich das Wesen in Gänze auf die Erde sinken, so, als läge es in tiefster Trauer über einem Grab. Minutenlang ruhte es auf dem Schloßhof, während der Pfarrer betete. Auf einmal erhob sich der leuchtende Nebel wieder, schwebte in Augenhöhe vor die Betrachter – und plötzlich erkennen diese ein Gesicht! Gelblich-matt und wächsern ist es, wie von einem Toten. Auch zwei herunterhängende Arme können der Arzt und der Missionsprokurator ausmachen, alles andere ist unter dem schimmernden Nebelgewand verborgen. Die Gestalt scheint sie lange forschend anzublicken, dann sinkt sie zurück auf den Boden und schreitet, ohne daß man das Geräusch von Tritten gehört hätte, ins Jägerhäuschen des Schlosses, wo sie ein Höllenspektakel inszeniert.

Der unerschrockene Priester war darüber sehr ungehalten und vermutete nun, womöglich könne es sich bei dem Poltergeist um eine böse Seele handeln. Laut rief er in Richtung des Häuschens: »Du bist ja ein Teufel!« – worauf besagter Lärm nur noch schlimmer wurde. Dies wiederholte sich während einer ganzen Stunde noch mehrfach. Mittlerweile hatte sich auch der Mediziner von seinem Schrecken erholt und fing an, um das Mobiliar des Jägerhäuschens zu bangen. Schließlich nahm er all seinen Mut zusammen, bewaffnete sich mit einem Revolver, schlich zu dem Haus am Eingang des Schloßhofes, sah dort tatsächlich die weiße Gestalt, versuchte, sie am Kragen zu packen ... doch der Griff ging ins Leere. Der Geist machte sich davon, kehrte aber in der Nacht noch mehrfach lärmend zurück.

Am nächsten Morgen fanden die Schloßbewohner sämtliche Türriegel des Schlosses geöffnet. Die Einrichtung des Jagdhäuschens jedoch war völlig unversehrt.

Gerade für diesen Morgen hatte sich eine kleine Delegation angekündigt, die im Auftrag von Reichsfinanzminister Matas Erzberger den merkwürdigen Vorgängen auf den Grund gehen sollte. Sie bestand aus so hochkarätigen Leuten wie einem Universitätsprofessor, einem Staatsrat und einem protestantischen Theologen. Die Herren blieben den ganzen Tag. Von unserem Freundespaar ließen sie sich die Spukgeschichten haarklein schildern, und sie nahmen den Ort sehr penibel in Augenschein. Als sie am Abend das Schlößchen wieder verließen, schwankten sie zwischen Zweifeln und Nachdenklichkeit.

Kaum war die Delegation verschwunden, klopfte es heftig gegen das Schloßtor. Der Schloßherr dachte zunächst, einer aus der Abordnung käme zurück, weil er etwas vergessen habe oder noch etwas fragen wolle. Doch schon einen Moment später schwebten diesmal gleich zwei Lichtgestalten über die Mauer, um in der Schloßkapelle zu verschwinden. Die beiden Beobachter faßten sich ein Herz, öffneten die Tür der Kapelle und versuchten, eine Laterne zu entzünden, doch mehr als einen matten Schimmer brachten sie nicht zustande. Unverrichteter Dinge mußten sie kehrtmachen. Kurz danach verschwanden auch die Geister wieder, genauso geheimnisvoll, wie sie gekommen waren. In dieser Nacht blieb anschließend alles ruhig.

Am folgenden Tag stellte sich heraus, daß die Delegation aus Berlin nur eine Vorhut gewesen war, denn Minister Erzberger beehrte Schloß Bronnen höchstpersönlich mit seinem Besuch. Weshalb es ausgerechnet auf alten Ritterburgen immer spuke, warf der Minister ins Gespräch. Der Missionsprokura-

tor klärte auf: Die Raubritter seien schließlich große Spitzbuben gewesen und müßten deshalb nun auch die größten Sündenbüßer sein. Also, warnte er den Reichsfinanzminister augenzwinkernd, der Herr Erzberger möge ja vorsichtig sein, sonst sei auch er bei entsprechendem Tun und Treiben später einmal gezwungen, als arme Seele durch die Ewigkeit zu geistern.

Wie man sieht, hatten die Gespenster den Priester keineswegs seines Humors berauben können. Der Minister ließ sich daraufhin die Vorkommnisse der letzten Zeit schildern. Obwohl er an der Heftigkeit des Spuks, an den ihm geschilderten

Einzelheiten noch zweifelt, rät Erzberger zur Vorsicht. Auch er selbst handelt besonnen und verabschiedet sich vor Einbruch der Dunkelheit.

Ach, wäre er doch geblieben, er hätte an den Erzählungen nicht mehr zweifeln können. Denn sobald die Nacht hereingebrochen war, vernahmen der Arzt und der Missionsprokurator vom Schloßhof wieder Geräusche – diesmal eher ein Klopfen und Rumoren. Zum Entsetzen der Freunde verschaffte sich eine große, schimmernde Gestalt sogar Zugang zum Schloß. Die Erscheinung durchschwebte die Halle und näherte sich ihnen immer mehr. Unheilschwangere Ahnungen befielen die beiden; das Herz pochte ihnen bis zum Hals, der kalte Schweiß trat ihnen auf die Stirn, und sie zitterten an allen Gliedern. Lautlos und bedrohlich, wie in einem Alptraum, kam das leuchtende Gespenst auf sie zu. Nun war es der Arzt, der ein Stoßgebet zum Himmel schickte. Der Priester jedoch hatte sich immer noch einen Rest Geistesgegenwart bewahrt. »Weihwasser!« schoß es ihm durch den Kopf. Doch der Weg zur Kapelle war von der Erscheinung versperrt. Da griff Lehmann zu einem Krug Trinkwasser und weihte ihn eilends.

Unaufhaltsam kam das Gespenst näher. Doch nicht nur dies – mittlerweile waren neben ihm noch zwei weitere Geistergestalten aufgetaucht. Der Pater setzte alle Hoffnung auf das geweihte Wasser, spritzte es ihnen entgegen ... doch vergebens! Vor Angst schnürte sich ihm die Kehle zusammen. Das Wasser – es löste sich einfach auf. Er spritzte es von sich, doch es traf weder auf dem Boden auf noch erreichte es das Dreigespann.

Als die Lichtgestalten schon fast in Reichweite waren, rief der Geistliche in Kirchenlatein, und seine Stimme überschlug sich dabei: »In nomine Jesu omne genu flectare coelestium, terrestrium et infernorum!« – Im Namen Jesu sollen sich alle Knie beugen, die im Himmel, auf Erden und unter der Erde sind.

Tatsächlich warfen sich die Geister auf die Knie. Noch Sekunden zuvor hatten die Knie des Gottesdieners geschlottert; nun faßte er sich ein Herz, denn für ihn war der Beweis erbracht: Es handelte sich um arme Seelen. Mit seiner rechten

Hand schlug er ein Kreuz, worauf sich die Geister tief auf die Erde verneigten, anschließend wieder aufstanden und ihr Gegenüber nun mit recht hilflosem Ausdruck anstarrten. Wer sie allerdings waren, woher sie kamen, und wofür sie büßen mußten, das konnten oder wollten sie nicht sagen, was den Priester, der sie mehrfach fragte, zusehends verärgerte. Schließlich rief er in seiner Wut aus: »Ach, fahrt doch zum Teufel!« Das schien nun die Geister ihrerseits zu ärgern, denn sie antworteten, indem sie Holz und Steine warfen. Zu allem Überfluß erschienen, wohl angelockt von dem Getöse, noch zwei weitere Geister, so daß sich Pfarrer Lehmann und sein Begleiter nun einer Meute von fünf aufgebrachten Spukgestalten gegenübersahen.

»Falls ihr irgendeine Tat begangen habt, weshalb ihr zum Schweigen verurteilt wurdet, so gebt ein Zeichen«, versuchte es Lehmann nun aufs Neue – und wirklich, jetzt sandten die fünf Gestalten Blitze aus.

»Nun weiß ich, daß ihr arme Seelen seid«, ging es weiter im Frage-und-Antwort-Spiel. »Braucht ihr Hilfe?«

Wieder fünf Blitze.

»Braucht ihr heilige Messen?«

Blitze.

»Wieviele braucht ihr? – Ich zähle eure Strahlen!«

Ein Blitz, zwei Blitze, drei, vier ... dann waren die Gestalten plötzlich verschwunden.

Immerhin – das Resultat des nächtlichen Gespensterdialogs war beeindruckend. Als sich am darauffolgenden Tag der Reichsfinanzminister noch einmal auf Schloß Bronnen sehen ließ, berichteten ihm die Freunde ihre nächtlichen Erlebnisse und fragten ihn um Rat, wie man mit den heiligen Messen verfahren solle. »Ich würde die vier heiligen Messen lesen lassen«, riet der.

So geschah es dann auch – in unmittelbarer Nachbarschaft von Bronnen, im Kloster Beuron. Missionsprokurator Lehmann aber zeichnete seine persönlichen Erlebnisse detailliert auf und veröffentlichte sie unter dem Titel »Eine merkwürdige, aber wahre Seelengeschichte«. Ihm verdanken wir eine genaue Beschreibung jener merkwürdigen Phänomene, die bis auf den heutigen Tag immer wieder einmal Schlagzeilen verursacht haben und die immer rätselhaft geblieben sind.

Schloß Bronnen verfiel nun wieder in Dornröschenschlaf. Erst ein gutes Dutzend Jahre später wird erneut von Spukerscheinungen auf Bronnen berichtet. In ihrer Ausprägung unterscheiden sie sich erheblich von den Vorgängen des Jahres 1921.

Eine Augenzeugin berichtet:

»Im Jahre 1935 brachte ich Weihnachten und Neujahr auf Bronnen zu. Am Abend des ersten Tages, so gegen halb neun, rief mich eine Freundin in ihr Zimmer, da sie eine Stimme hörte, die auch ich vernahm. Es war eine jammernde Frauenstimme, die in einem fort rief: ›Oje, oje!‹ Das dauerte etwa eine halbe Stunde. Während dieser jammernden Frauenstimme hörten wir im Treppenhaus ein starkes Auf- und Abspringen. Es hörte sich an, als wären es mehrere Personen gewesen. Über unseren beiden Schlafzimmern befand sich der sogenannte Rittersaal. Auch von dort hörten wir ein starkes Auftreten wie mit Holzschuhen ...

Einige Tage nach Weihnachten, nach dem Nachtessen, befand ich mich gerade mit der Köchin in der Küche. Da hörten wir im Gang ein sehr starkes, anhaltendes Poltern, das sogar unsere beiden Hunde sehr aufschreckte. Meine Freundin kam in die Küche und fragte, ob der Kastellan Johann schon da sei. Im selben Moment sagte eine tiefe Männerstimme: ›Johann kommt!‹ Tatsächlich hörten wir ihn im gleichen Moment über die hölzerne Zugbrücke gehen. Als er dann zu uns in die Küche kam, waren unheimliche, widrige Laute hörbar, die mir durch Mark und Bein gingen, so daß ich reißaus nahm ... Nachher kam der Kastellan zu uns herauf, da die Köchin das Schloß verlassen hatte. Er erzählte uns, daß er auf dem ganzen Weg bis zum Schloß neben sich her ein dauerndes Kichern, als rührte es vom Leibhaftigen her, vernommen habe.

Nach einiger Zeit hörten wir vom ersten Stock her kommend ein feines Klingeln, als ob es die Glöckchen des Christbaums gewesen wären. Ich schlug die Zither, und Johann spielte Geige, und während wir so musizierten, begann plötzlich neben uns im Zimmer das Blasen eines Jagdhorns. Wir hörten sofort mit dem Spielen auf, und bald darauf schwirrten im Zimmer mehrere Klötzchen eines Kegelspiels umher, die dann auf den Boden fielen.«

Seit dieser Zeit kehrte keine Ruhe mehr ein auf Schloß Bronnen. Ein Geist schien es besonders darauf angelegt zu haben, Besucher des Schlosses zum Narren zu halten. Einmal rüttelten unsichtbare Hände am Bett eines Schläfers und übergossen ihn schließlich mit einer übelriechenden Flüssigkeit. Ein andermal flog nachts ein menschlicher Knochen durch eines der Schlafgemächer, weitere Knochen folgten, und die verängstigten Gäste, die so unsanft aufgewacht waren, wußten sich nicht anders zu helfen als die Knochen durchs Fenster in den Schloßhof zu werfen und danach flugs das Fenster zu schließen. Allein, dies half nichts: Durchs geschlossene Fenster flogen die Knochen (braune, alte seien es gewesen) wieder zurück ins Zimmer.

Etwas später offenbarte sich ein Gespenst, indem es die Hupe eines der ersten Autos auf Bronnen betätigte. Auf die Frage des Schloßherrn – es war schon lange nicht mehr der Arzt –, für wie viele Seelen es denn stehe, war viermaliges Hupen zu hören.

Zweite Frage: »Für wie viele gute?«

Dreimaliges Hupen.

Gegenprobe: »Und für wie viele schlechte?«

Einmaliges Hupen.

Diese Phantomerscheinung legte ein Faible für makaberen Schabernack an den Tag. Einmal ließ sie aus der Bibliothek einen Totenschädel verschwinden und plazierte ihn auf der Treppe des Schlosses, bedeckt mit dem Hut eines Gastes.

Ein paar Tage später wachte derselbe Gast an einem Höllenlärm auf, der Froschgequake, Hundegebell, Trompeten, Fanfaren und Trommeln vereinte. Plötzlich erhob sich das Sofa, auf dem er lag, und schwebte etwas über dem Boden. Dann wurde ihm mit einem Knall das Bettzeug weggezogen. Anschließend war es wieder ruhig.

Aus dem Jahr 1938 schließlich liegen Berichte von einem Poltergeist auf Bronnen vor. Das Schloß war in der Zwischenzeit von den Nationalsozialisten in Beschlag genommen worden, als Sommersitz für die sogenannte Reichsfrauenführerin. Das Klopfen beanspruchte die Nerven der Dame so sehr, daß sie die SA bat, einige Wände zuzumauern. Doch dem Spuk auf Schloß Bronnen konnte so kein Einhalt geboten werden.

Mit der Zeit stellte sich heraus, daß dieser Poltergeist des öfteren sogar auf Fragen antwortete – mit Klopfzeichen, die je nachdem ein »Ja« oder ein »Nein« bedeuten sollten. Nur wenn das Gespräch auf religiöse Dinge gelenkt wurde, war die Antwort ein Zischen und schrille Pfiffe. Selbst ein herbeigerufener Pater aus dem Kloster Beuron kam da nicht weiter. Ihm gegenüber antwortete der Geist jedoch nicht nur durch Klopfen, sondern auch in ganz normalen Worten, und zwar auf Fragen, die ihm offenbar nicht gefielen. »Ihr seid wunderfitzig!« beschied er den neugierigen Fragesteller, antwortete dann aber doch auf die Frage, wie lange er denn hier schon umgehe: »Schon ungefähr neunhundert Jahre!«

Ob er gemordet habe und weshalb, was also der Grund für sein Geisterdasein sei?

»Wunderfitz!«

Auch die in dieser Zeit oft gestellte Frage nach der Zukunft Deutschlands sollte er beantworten, doch mehr als schrille Geräusche gab die weiße Gestalt da nicht von sich, konnte sich jeder selbst denken, was er wollte.

Dann die Frage, wie viele Geister denn momentan umgingen.

»Eigentlich 60, wovon 23 schon erlöst sind.«

Ob denn das Messelesen für die armen Seelen im Kloster Beuron genutzt habe, wollte der Pater wissen.

Es habe genutzt, und er wolle sich auch dafür bedanken, meinte der Geist, dennoch müsse er immer noch 40 Jahre lang umgehen, es sei denn ... der Pater lese noch einige Messen speziell für ihn, dann würde ihm die Hälfte der Zeit erlassen.

Und so geschah es denn auch: Die Messen wurden gelesen, und seit damals sind keine Gespenstererscheinungen von Schloß Bronnen mehr berichtet worden.

Das Fräulein von Kallenberg

Im schönen Donautal ist bis auf den heutigen Tag oberhalb von Fridingen eine wildromantisch anzusehende Ruine im Wald versteckt, um die sich eine ebenso schauerliche wie tragische Überlieferung aus längst vergangenen Tagen rankt. Vor langer Zeit hauste auf Burg Kallenberg einmal ein Ritter, der beschloß, wie so viele andere, sich auf den Kreuzzug gegen die Heiden zu begeben. Bei seinem Auszug ließ er seine kleine, einzige Tochter zurück. Ohne Vater verlebte sie ihre Kindheit und wuchs zu einem wunderschönen Ritterfräulein heran. Die Kunde von der schönen Ritterstochter sprach sich natürlich herum, und so verwundert es nicht, daß sich zahlreiche Jünglinge auf der Kallenburg blicken ließen und um die Minne der Verehrten anhielten. Ausgerechnet einer, der nicht von Adel war, eroberte schließlich das Herz des Mädchens: der Knappe von der nahegelegenen Bronner Mühle. Immer häufiger war er auf der Burg zu Gast.

Nach Jahren der Abwesenheit kehrte nun eines Tages der Ritter, mit zahlreichen Beutestücken beladen, wieder auf seine Burg zurück. Als er davon hörte, daß seine Tochter einem Müllersknecht zugetan war, geriet er vor Wut völlig aus der Fassung und untersagte ihr den nicht standesgemäßen Umgang. Doch die Ritterstochter hing mit jeder Faser ihres Herzens an dem Burschen, und auch der Müllersknecht war mit Leib und Seele der Ritterstochter verfallen. So schlich er sich heimlich zu seiner Angebeteten, die ihn bereitwillig einließ.

Der Krug geht so lange zum Brunnen, bis er bricht. Eines Tages erfuhr der Ritter durch einen dummen Zufall von den Schäferstündchen, und darüber geriet er derart in Rage, daß er in seinem Jähzorn das Mädchen packte und für alle Zeiten von der Burg seiner Väter verstieß.

Bitterlich weinend, hilflos und völlig verstört irrte das Ritterfräulein nun im dunklen Wald umher. Immer mehr gewann die Verzweiflung Oberhand, zentnerschwer war das Herz. Da – war es ein Unfall, war es eine bewußte Tat? Die Jungfer stürzte von einem der schroffen Felsen hinab ins tiefe Tal. Am nächsten Tag barg man die Unglückliche tot aus dem Mühlkanal der Bronner Mühle.

Nun packte den grimmigen Ritter die Reue, doch da die Tat beim besten Willen nicht mehr gutzumachen war, sonderte sich der alte Haudegen mehr und mehr von seiner Umgebung ab, igelte sich in der Burg ein und wurde von der Dienerschaft nur noch in den Verliesen der Burg angetroffen, wo er nichts Besseres zu tun hatte, als ständig seinen Reichtum zu zählen und seine Beute aus den Kreuzzügen zu hüten.

Nach seinem düsteren Ende fand der Ritter von Kallenberg jedoch keine Ruhe, und so geht er noch heute als schwarze Gestalt um die Burgfelsen, immer darauf bedacht, jeden zu vertreiben, der es wagt, im Schutz der Dunkelheit nach den Schätzen zu suchen, die der alte Ritter damals mitgeschleppt hat und die noch heute in den dunklen Kellern der Ruine verborgen sein sollen. Ein vorwitziger Hirte, der sich in einer Nacht auf den Turm der Kallenburg gewagt hatte, wurde von der unheimlichen Gestalt derart erschreckt, daß er das Gleichgewicht verlor und mit einem gellenden Schrei in die Tiefe stürzte, hinunter auf den Grund des Burgfelsens, wo man ihn am nächsten Tag mit zerschmetterten Gliedern fand.

Das unglückliche Burgfräulein aber ist in hellen Nächten zu sehen, wie es über die Donau schwebt – ungefähr an jener Stelle, an der es einst ertrunken ist –, um die Frauen und Mädchen der Gegend vor einem ähnlichen Schicksal wie dem ihren zu bewahren.

Während das Fräulein von Kallenberg also als guter Geist umgehen soll, hat es das Schicksal mit einer anderen Rittestochter aus einer der benachbarten Burgen weniger gut gemeint. Die Rede ist von der zwischen Fridingen und Bärenthal gelegenen Burg Pfannenstiel, wo sich lange nach der Geburt der Tochter schließlich noch als Nachzügler ein Sohn, der Erbe, einstellte. Bald nachdem der Knabe auf die Welt gekommen war, starben die Eltern, und die eifersüchtige Tochter, die selbst an die Erbschaft wollte, beschloß, den Bruder aus dem Weg zu räumen. Einen ihrer Diener, der ihr besonders gewogen war, beauftragte sie, den Mord auszuführen – das Kind in einen Korb zu stecken und es dann ins Flüßchen Bära unterhalb der Burg zu werfen.

Gerade als der Knecht im Begriff war, die schändliche Tat auszuführen, trat ihm eine alte Frau aus Bärenthal, die in der Umgebung nur »die Hexe« genannt wurde, in den Weg, entriß ihm das Kind und nahm es zu sich nach Hause. Der Diener, auf frischer Tat ertappt, wagte keine Gegenwehr.

Über den zweiten Teil des Planes, den das herzlose Burgfräulein ausgeheckt hatte, berichten die Quellen nichts – aber er läßt sich unschwer erraten: Der Knecht zerzauste sein Haar, zerriß seine Kleidung, wälzte sich im Dreck und rannte dann den ganzen steilen Weg zur Burg zurück. Atemlos, triefend vor Schweiß und mit einem Blick, als sei der Teufel hinter ihm her, traf er dort ein und schrie so laut, daß es alle hören konnten, der Junge sei von einem Rudel Wölfen geraubt und zerfleischt worden; er selbst habe sich nur mit knapper Not retten können. Die Ritterstochter ließ er jedoch in dem Glauben, ihr Bruder sei ertränkt worden.

Wenig später feierte die vermeintlich rechtmäßige Erbin von Pfannenstiel ihre prunkvolle Hochzeit mit einem Edelmann aus der Nachbarschaft. Doch gerade, als die Hochzeitsgesellschaft an der Festtafel saß, geschah es: Der Himmel verdüsterte sich, ein Blitz zuckte aus den Wolken, und die schurkische Braut wurde erschlagen. Die Burg aber ging in Flammen auf. Während das gerettete Kind später erfuhr, von welcher Herkunft es wirklich war, und sich danach eine eigene Burg erbaute, fiel die unglückselige Schwester der ewigen Verdammnis anheim. Bis in die heutige Zeit hat ihre Seele keine Ruhe, sondern muß an der Stelle ihres Todes umgehen bis zum jüngsten Tag – so erzählt man sich's im Donautal.

Der Spuk im Tuttlinger Fruchtkasten

Das heutige Tuttlinger Heimatmuseum (übrigens ein schönes und sehr informatives) mitten in der Stadt beim Rathaus diente in früheren Zeiten als Fruchtkasten, also als Kornspeicher zur Nahrungsmittelsicherung der Bevölkerung. Das mächtige Gebäude wurde 1805 errichtet, nachdem ein Stadtbrand den alten Fruchtkasten zerstört hatte. Dieser wurde jedoch ursprünglich zu einem anderen Zweck erbaut, nämlich als Schloß oder zumindest als wehrhaftes Gebäude. Nur wegen eines darin umgehenden Gespensts, so jedenfalls wird in einer Tuttlinger Sage berichtet, wurde das Haus irgendwann einmal zum Fruchtkasten umfunktioniert.

Im ausgehenden Mittelalter führten die Vögte von Tuttlingen im Auftrag des württembergischen Landesherrn ihr Regiment in der Stadt. Die Wohnung der Vögte war in dem schloßartigen Gebäude untergebracht; von hier aus verwalteten sie die Stadt und ihr Umland, trieben Steuern ein und schikanierten, manchmal jedenfalls, die Bewohner des Donaustädtchens.

Einer dieser Tuttlinger Vögte nun scheint ein arger Schinder gewesen zu sein, ein grober Klotz; hinter vorgehaltener Hand nannte man ihn flüsternd sogar ein »rauhbautzigs Galgeaas«. Zu allem Überfluß war er auch noch mit einer furchtbar häßlichen Frau verheiratet – wahrscheinlich hatte ihn keine andere haben wollen. Diese Frau hatte einen Mund in der Form eines Saurüssels und ebenso behaart, auch sonst war sie keineswegs eine Zierde der holden Weiblichkeit. Die Arme, die für ihr Äußeres ja schließlich nichts konnte, besaß jedoch ein weiches Herz und eine gute Seele.

Der Vogt, von seiner Frau nicht sonderlich angetan, hatte es zur Sitte gemacht, daß sämtliche jungen Mädchen aus Tuttlingen, die noch nicht verheiratet waren, eine Zeitlang bei ihm im

Schloß arbeiten mußten, fronen genauer gesagt, also Dienste ohne Entlohnung verrichten. Das war wohl seine Variation des berüchtigten »ius primae noctis«, des Rechts der edlen Herren auf die erste Nacht mit der gerade verheirateten Braut eines Untertanen, und in der Tat beließ es der Vogt meist nicht bei Putz- oder Küchendiensten. Immer wieder machte er sich an die jungen Bürgerstöchter heran und verging sich an ihnen. Ohne mit der Wimper zu zucken, schlug er sie grün und blau, wenn sie versuchten, sich zu wehren, und nötigte sie anschließend doch noch.

Merkwürdigerweise verschwanden einige der Mädchen, die im Schloß ihre Fronarbeit zu verrichten hatten, immer wieder spurlos, und schon ging das Gerücht um, die häßliche und eifersüchtige Gemahlin des Vogts habe die armen Frauen entweder zum Teufel gejagt, oder sie seien vor ihr davongelaufen und trauten sich nun aus Furcht vor der Rache der Herrschaft nicht mehr, zurückzukommen.

Obwohl niemand offen über die Schändungen des Vogts sprach, ahnten die Mägde doch, in welcher Gefahr sie schweb-

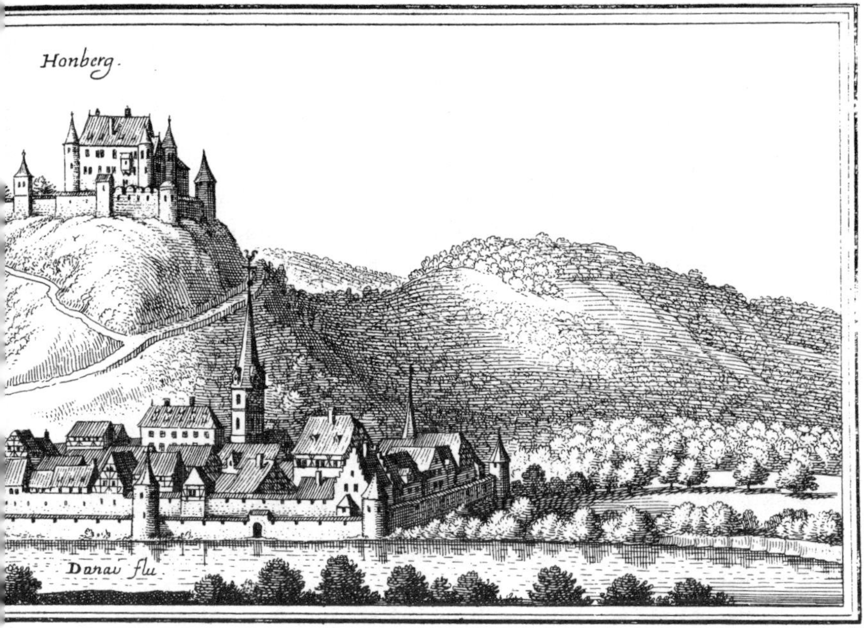

ten. Besonders die ansehnlichen Jungfrauen, die natürlich am stärksten bedroht waren, verhielten sich dementsprechend vorsichtig.

Im Fall einer solchen Schönheit nützte jedoch alle Vorsicht nichts: Zwar versuchte sich das Mädchen, vor dem Vogt zu verbergen und ihm auszuweichen, wo es nur ging – auch die Frau des Vogts hatte, im Gegensatz zu den üblen Gerüchten, so manche Warnung ausgesprochen, zum Beispiel die, sich auf keinen Fall je mit dem Vogt allein in einem Raum aufzuhalten –, doch es kam, wie es kommen mußte.

Als die Schöne einmal in den Keller des Schlosses stieg, um Vorräte für die Küche zu holen, da geschah es: Plötzlich stand der Vogt bei ihr, und schon an seinem lüsternen Gesichtsausdruck war abzulesen, was der liebestolle Herr vorhatte. Zunächst versuchte er mit Worten, das Mädchen für sich zu gewinnen. Die Maid wollte fliehen – vergeblich: Die Kellertür war verschlossen, sie kam nicht hinaus. Ihre Schreie und Hilferufe verhallten ungehört, denn der Keller lag tief unter dem Haus.

Zitternd vor Angst floh das junge Ding nach hinten in die dunkle Kellerecke, zu der Stelle, an der ein Brunnenschacht – die Wasserversorgung für Notzeiten – in die Tiefe führte. Weiter ging es nun nicht mehr. Langsam kam der Vogt näher und näher, mit siegesgewisser Miene, jetzt konnte sie ihm nicht mehr entrinnen! Schon packte er die Jungfrau am Arm und wollte sie an sich drücken, als die mit dem Mut der Verzweiflung all ihre Kraft aufbot und dem Vogt mit einem entschiedenen Ruck einen derartigen Stoß versetzte, daß er ins Wanken geriet, auf dem nassen Boden am Brunnenschacht ausrutschte und schließlich mit einem gräßlichen Schrei in die Tiefe stürzte.

Das Mädchen aber war gerettet, und weder die Frau des Vogts noch irgendein Gericht machten es verantwortlich für den Tod des wüsten Gesellen.

Als die Knechte den Leichnam des Vogts aus dem tiefen Brunnenschacht bargen, stießen sie jedoch auf eine grauenhafte Szenerie! Tief unten im Schlick des Brunnens entdeckten sie die Überreste der vermißten Tuttlinger Bürgerstöchter, die also alle hier im Keller vom Vogt erst mißbraucht, anschließend ums Leben gebracht und dann im Brunnen versenkt worden waren!

Der grausige Ort wurde fortan von allen gemieden. Es dauerte nicht lange, da tauchte in den Nächten der unerlöste Geist des bösen Vogts im Schloß auf und verursachte einen derartigen Höllenlärm, daß die Wände des Hauses – und sie waren meterdick! – erzitterten. Da hielt es niemanden mehr an der Stätte, an der so viele scheußliche Taten begangen worden waren. Das Schloß wurde aufgegeben und schließlich zum Fruchtkasten umgebaut. Doch der Geist hat offenbar auch dann noch keine Ruhe gegeben. In manchen Nächten sei er im Fruchtkasten umgegangen und habe so gelärmt, daß sogar noch die Nachbarn in den umliegenden Gebäuden davon aus dem Schlaf erwacht seien. Erst nach der Zerstörung des Gebäudes beim Stadtbrand sind die Stimmen verstummt, die von den nächtlichen Umtrieben berichteten. Aber die Tatsache, daß man sich nichts mehr darüber erzählt, muß noch lange nicht bedeuten, daß es ihn nicht mehr gibt, den Spuk vom Fruchtkasten in Tuttlingen.

Spuk auf dem Hohenkarpfen

Der markanteste, wenngleich nur zweithöchste Berg der Baar ist der Hohenkarpfen, dessen imposanter Bergkegel dem unbefangenen Betrachter wie ein erkalteter Vulkan vorkommen muß. In Wirklichkeit aber ist der Berg mit dem merkwürdigen Namen, der zur Gemarkung des Örtchens Hausen ob Verena gehört, ein sogenannter Zeugenberg. Vor Abertausenden von Jahren befand sich nämlich genau hier der Steilabfall der Schwäbischen Alb, und nicht, wie jetzt, zwei Kilometer entfernt bei Spaichingen. Regen und Flüsse haben die Kalkfelsen abgetragen, stehen blieb der Zeugenberg aus härterem Gestein. Das ist die erste Besonderheit dieser Erhebung.

Die zweite: Jedermann vermutet natürlich, der Name »Hohenkarpfen« hätte irgendetwas mit Fischen zu tun. Einen Karpfenteich sucht man jedoch auf der Anhöhe wie unten in Hausen ob Verena vergeblich. Die Bezeichnung leitet sich vielmehr von dem Adelsgeschlecht derer ab, die auf dem Berg vor fast tausend Jahren ihre Burg gebaut haben, Edelleute mit dem Zunamen »von calpfen«.

Auf der Burg, von der heute nur noch mit Gras überwachsene Wälle und Gräben zu sehen sind, lebte einst ein Ritter namens Hugo. Er hatte keine Geschwister; seine Mutter war bei seiner Geburt gestorben, und sein Vater war der geliebten Frau aus Gram über deren Ableben nur wenig später in den Tod nachgefolgt. Eine Amme hatte Hugo aufgezogen. Und obwohl es ihm in materieller Hinsicht an nichts mangelte – denn er besaß Gold und Silber im Überfluß, dazu ausgedehnte Besitzungen, die ihm hohe Abgaben einbrachten –, scheint es doch um das Gemüt des jungen Rittersmanns alles andere als gut bestellt gewesen zu sein. Schwermütig sei er gewesen, heißt es in den Überlieferungen, depressiv und lethargisch aufgrund seiner Einsamkeit da droben auf der zugigen steinernen Burg. Wenn er doch nur eine liebende Frau finden würde, so habe er oft geklagt, mit der er sein Dasein fristen dürfte!

So vergingen die Jahre. Doch eines schönen Tages schreckte Hugo aus seinen trüben Gedanken, denen er wieder einmal nachhing, hoch und beschloß, einer plötzlichen Eingebung folgend, mit einem seiner Knechte noch auf die Jagd zu gehen, obwohl es bereits dämmerte. Kaum hatten sie mit ihren Pferden den dunklen Wald erreicht, da brach auch noch ein Gewitter über ihnen los, und zwar mit solcher Heftigkeit, daß sich die zwei dringend nach einem Unterschlupf umsehen mußten. Während der hastigen Suche verloren sich die beiden Jäger aus den Augen.

Als Hugo, der unter einem mächtigen Baum Schutz gefunden hatte, sich nach dem Gewitter beim hellen Schein des Mondes umsah, war er allein auf weiter Flur. Keine Spur von dem Jagdgefährten! Zu allem Überfluß hatte sich der Ritter bei seiner Flucht vor dem Regenschauer so tief in den Wald hineingewagt, daß er sich nun an einer Stelle befand, die er noch nie gesehen hatte. Er hatte sich verirrt! Da half nur eins: sich mit der Lage abzufinden, hier unter dem Baum ein Nachtlager zu bereiten und bis zum nächsten Morgen zu warten.

Doch kaum hatte er diesen vernünftigen Beschluß gefaßt, da hörte er – es mochte gerade Mitternacht geworden sein – ein Grollen, ein Rumpeln, Ächzen und dann einen gewaltigen Donnerschlag. Neben dem zu Tode erschrockenen Ritter tat sich die Erde auf, und eine Schar furchtbar häßlicher Zwerge, die ein wunderschönes Mädchen mit sich führte, kletterte aus dem Erdspalt. Der Anführer der Zwerge sprach höhnisch auf das weinende Mädchen ein: »Schlechte Aussichten sind das für Euch, Jungfer« – dabei kicherte er böse –, »denn erlösen kann Euch nur ein unglücklicher, reicher, tugendsamer Jüngling, ein Vater- und Muttermörder, der gleichzeitig unschuldig ist!« Und dann schüttete sich der Zwerg aus vor Lachen, so gehässig und schrill, daß dem Ritter das Blut in den Adern gefror.

Es vergingen einige Augenblicke, bis Hugo so richtig zu Bewußtsein gekommen war, was er da gehört hatte. Die ganze

Zeit hatte er sich hinter dem Baum versteckt; nun faßte er sich ein Herz, trat vor und rief den Zwergen entgegen: »Das bin ich. Mich sucht ihr. Denn meine Mutter ist meinetwegen gestorben und mein Vater darauf ebenso, unglücklich bin ich, reich und tugendsam. Mich sucht ihr!« Darauf zückte er sein Schwert, um das Mädchen zu verteidigen, doch die Zwerge waren mit einemmal verschwunden.

Der Ritter versuchte nun, das Mädchen nach seiner Herkunft auszufragen, und bot ihm seine Hilfe an, damit es wieder nach Hause gelangen könne, doch die Unbekannte bedeutete ihm mit Handzeichen, daß sie nicht reden dürfe und er sie doch bitte mit auf seine Burg nehmen solle. So geschah es denn auch, doch Antwort auf die vielen Fragen wollte oder konnte sie noch immer nicht geben.

Einige Tage weilte das Mädchen, in das sich der Ritter vom Hohenkarpfen unsterblich verliebt hatte, bereits auf der Burg, als die beiden eines Abends einen Spaziergang unternahmen. Da knisterte es plötzlich im Gebüsch, und auf einmal stand ein herrliches weißes Pferd vor dem Mädchen, das ganz offensichtlich zu ihm gehörte. Mit Leichtigkeit schwang sie sich auf den Schimmel, und schlagartig konnte sie wieder sprechen. Nun erzählte sie dem erstaunten Hugo ihre Geschichte: sie heiße Jutta, die Tochter des Fürsten der Erdgeister, die entführte Nichte des Herzogs von Alamannien. Auch ihre Mutter war früh gestorben, und so hatte sie eine triste Jugend unter der Erde bei den Erdgeistern verbracht. Kaum daß sie jedoch erwachsen geworden war, sollte sie ihren eigenen Vater heiraten, was sie standhaft verweigerte. Der Vater wurde daraufhin so zornig, daß er ihr den sicheren Tod ankündigte, wenn sie nicht in Bälde schon von einem Mann erlöst werde, der ein Vater- und ein Muttermörder sei, reich, tugendhaft, unglücklich und unschuldig. Und in dem Moment, in dem die Zwerge sie wegen ihrer Weigerung zu heiraten hatten hinrichten wollen, da sei Hugo erschienen, der all die unmöglich erscheinenden Bedingungen erfüllen konnte und sie so gerettet habe. Der Schimmel sei ihr Pferd, das sie schon jahrelang durch die Erzgänge im Reich der Erdgeister getragen hätte.

Der Ritter Hugo, nun froh, endlich zu wissen, wen er da wovor gerettet hatte, hielt schon wenige Tage danach um ihre Hand an, sie willigte ein, und einen Monat später wurde Hochzeit gefeiert.

Einige Jahre gingen ins Land, und Jutta gebar einen Jungen. Zu jener Zeit kam der Bergbau immer mehr in Mode. Die Herren von Konzenberg und die vom Tuttlinger Honberg hatten auf der Suche nach Erz schon Schächte in die Erde getrieben, bis an die Grenze des Gebietes der Herrschaft Karpfen. Natürlich wollte da auch der Ritter vom Karpfen nicht nachstehen und selbst die Erzsuche aufnehmen, doch Jutta warnte ihn nachdrücklich. So werde den unheimlichen Erdgeistern, den Zwergen, der Zugang von der Unterwelt auf die Erde leichtgemacht, und wo die Zwerge auftauchten, würden sie die Menschen furchtbar plagen.

Hugo nahm die Warnung ernst, meinte aber, daß dann auch die anderen ihre Erzsuche so schnell wie möglich einzustellen hätten. Und so beschloß er, an die Donau zu reiten, in die Nähe von Villingen, um dem dortigen Landgrafen, einem Fürstenberger, die Bitte zu überbringen, den weiteren Erzabbau nicht mehr zu genehmigen. Gleichzeitig häuften sich bereits die Berichte von Zwergen, die in den vom Erzabbau betroffenen Gebieten vor allem in der Nacht ihr Unwesen trieben. Jutta bat ihren Mann, die nicht ganz ungefährliche Reise auf ihrem Zauberpferd anzutreten, und so ritt er los.

Ein starkes Gewitter hinderte ihn daran, schon am Abend auf dem Fürstenberg einzutreffen, und wieder mußte er Schutz unter einem mächtigen Baum suchen, wie damals, als er seine spätere Gemahlin befreit hatte. Und tatsächlich, kaum stand er unter dem Baum, als eine riesige Schar von Zwergen auf ihn zusprang und ihn einkreiste. All diese Zwerge hatten ein Feuer auf dem Kopf und tanzten um den verängstigten Ritter herum. Schließlich näherte sich ihm der größte Zwerg, der statt des Feuers eine Krone auf dem Kopf trug, und erklärte, daß heute der Tag der Rache gekommen sei, Rache dafür, daß er ihnen Jutta entrissen habe. Als Gefangenen werde man ihn ins Reich unter die Erde bringen und ihn dort als Sklaven halten. Doch gerade, als die Zwerge den Ritter packen wollten, schwang der sich auf das Zauberpferd und galoppierte wie der Blitz auf und davon.

Am nächsten Morgen erreichte Hugo schließlich wohlbehalten den Fürstenberg. Dort jedoch war man gerade mit Kriegsvorbereitungen beschäftigt, und Graf Egon von Fürstenberg wollte den Ritter nicht empfangen. Schließlich versprach der Landgraf, Hugo anzuhören, wenn dieser zunächst mit ihm in die Schlacht ziehe. Der Ritter willigte ein, und dank seines Zauberpferdes entschied er den Kampf fast ganz allein zugunsten der fürstenbergischen Truppen, was ihm eine Auszeichnung und den Dank des Grafen einbrachte. Mit seinem Wunsch stieß er aber dennoch nicht auf Gegenliebe.

So zog der Ritter wieder zum Hohenkarpfen zurück, wo in der Zwischenzeit schon die Nachbarn ohne Erlaubnis den Bergbau vorangetrieben hatten. Hugo ließ die Schächte wieder zuschütten und ritt sofort zurück zum Fürstenberg, um sich über den unerlaubten Bergbau auf seinem Grund und Boden zu beschweren – ohne Erfolg. Daraufhin sammelte Hugo, dem die Nachbarn in der Zwischenzeit einen Teil seiner Güter verwüstet hatten, eine kleine Streitmacht um sich und fiel seinerseits über die Burgen und Besitztümer seiner Widersacher her.

Die Auseinandersetzung kam vors fürstenbergische Landgericht, wo Hugo auf Betreiben seiner zahlreichen Feinde zum Tod verurteilt wurde. Bald schon sollte der Schuldspruch vollstreckt werden. Glücklicherweise schlug man Hugo seinen letzten Wunsch nicht ab, nämlich, sich noch einmal auf sein Pferd setzen zu dürfen. Kaum wurde der Schimmel vorgeführt, da gebärdete er sich wie tollwütig, trampelte alle Umstehenden nieder und trug seinen Ritter Hugo, der sich in Windeseile aufgeschwungen hatte, durch die Luft zurück auf den Hohenkarpfen.

Graf Egon von Fürstenberg, der sich dies natürlich nicht gefallen lassen wollte, zog sofort los, um den Entflohenen wieder zu ergreifen und dessen ganze Burg dem Erdboden gleichzumachen. Im Angesicht des heranziehenden Heeres schwang sich nun Jutta mitsamt ihrem Sohn auf das Zauberpferd und ritt dem verdutzten Grafen entgegen. Durch diese Kühnheit mit Respekt erfüllt, hörte er an, was sie zu sagen hatte – die Geschichte ihrer Abstammung, ihre Warnung vor den Erdgeistern und die Beweise für die schlimmen Aktivitäten der Zwerge. Schließlich willigte er in das Gesuch auf Begnadigung des Ritters Hugo ein. Der lebte mit seiner Familie noch lange Jahre friedlich auf dem Hohenkarpfen und wurde auch von den Erdgeistern nicht mehr behelligt.

Zwerge sind auf dem Hohenkarpfen oder in seiner Umgebung nie wieder aufgetaucht. Im ausgehenden Mittelalter jedoch mußten Bewohner der Gegend mit anderen gespenstischen Gesellen Bekanntschaft schließen. In dieser Zeit waren üble Raubritter Besitzer des Hohenkarpfens. Sie haben so

manchen Pfeffersack und so manche Kutsche ausgeraubt. Ihre Beute versteckten sie dann tief unter ihrer Burg im Berg, im Hohenkarpfen. Eines Tages hatten die Bewohner der Gegend genug von den ewigen Raubzügen; sie brannten die Burg kurzerhand nieder und schleiften die Mauern. Die zusammengeraubten Schätze aber konnten nicht gefunden werden.

Doch selbst wenn sie jemand entdeckt hätte – es hätte nichts genützt. Im Auftrag des Bösen werden sie nämlich von einem bissigen und gefährlichen schwarzen Pudel behütet. Ständig auf der Wacht, kreist außerdem ein Rabe über dem Hohenkarpfen, der den Pudel sofort verständigen muß, falls Schatzgräber im Anmarsch sind, die versuchen wollen, an das Geld im Innern des Berges zu gelangen. Dereinst allerdings soll irgendwann die Stunde kommen, in der die alten Raubritter endlich ihre schwere Schuld im Fegefeuer abgebüßt haben. In genau dieser Stunde müsse man auf den Berg kommen und den Schatz heben – aber nur in dieser Stunde könne es gelingen. So jedenfalls lautet die rund um den Hohenkarpfen verbreitete Sage.

Vor längerer Zeit schon kam einmal ein fahrender Geselle in die Gegend, der die Sage ebenfalls gehört hatte. Als er nun auf dem Weg von Hausen nach Seitingen am Hohenkarpfen vorbeiwanderte, sah er den Raben nicht fliegen. Also dachte er, die lang erwartete Stunde, in der der Schatz gehoben werden könnte, sei endlich angebrochen. Schnell holte er noch zwei Helfer aus dem Dorf, die mit ihm wenig später die Spitze des Hohenkarpfens erreicht hatten. Ziemlich bald fand der Geselle die Stelle, unter welcher der Schatz versteckt sein mußte, und tatsächlich: Eine Spalte in der Erde öffnete sich, und da lag eine riesige Kiste vor ihnen, bewacht von einem schwarzen Pudel mit Feuer in den Augen. Und obwohl der Hund bellte, aus den Augen Funken sprühte und wie wild hin und hersprang, fürchtete sich der Geselle nicht und öffnete die Kiste, die bis an den Rand mit Gold und Silber gefüllt war. Das Glück der Schatzgräber schien vollkommen, denn der Hund verhielt sich nun still, und so griffen auch die anderen voller Staunen in die Kiste mit den Dukaten.

Doch nun tauchte plötzlich mit lautem Gekrächze der schwarze Rabe wieder auf, ein riesiges Tier, schlug wild mit den Flügeln und verbreitete Furcht und Schrecken. Dazu kam aus der Ferne ein schnell anschwellender, beunruhigender Lärm – wie Stimmengewirr und Waffengeklirr –, in den sich Schreie mischten. Schließlich waren schwarze Gestalten auszumachen, die durch die Luft fegten: die Geister der Raubritter, die hier einst ihr Unwesen getrieben hatten.

Das war den wackeren Schatzsuchern endgültig zuviel: Die beiden Helfer gaben Fersengeld und stürmten, so schnell sie konnten, den Berg hinunter. Die richtige Stunde zum Heben des Schatzes schien also immer noch nicht gekommen. Zurück blieb der Geselle, der, auf sich allein gestellt, vergeblich versuchte, die Kiste zu bergen, zumal der Hund nun wieder anfing, sich wie wild zu gebärden. Es blieb ihm nichts anderes übrig, als zähneknirschend den Hohenkarpfen wieder hinunterzusteigen und seine Helfer zu beschimpfen, daß sie ihn so kurz vor dem Ziel, als der Schatz in der Kiste schon greifbar war, feige verlassen hatten. Die Helfer jedoch schüttelten den Kopf über den Gesellen und wunderten sich, daß der offenbar aus dem Erlebten nicht klüger geworden war.

Tief betrübt wegen der vertanen Chance verließ der Geselle den Ort und wurde hier nie wieder gesehen. Von seinen beiden Helfern erzählt man sich, sie seien bereits ein halbes Jahr nach dem Erlebnis gestorben. Der Schatz auf dem Hohenkarpfen aber wartet noch immer auf den Glücklichen, der die Stunde erkennt und nützt. Dann und wann sieht man einen schwarzen Vogel den Hohenkarpfen mit seiner längst verfallenen Burg umkreisen. Ob's freilich ein Rabe ist oder nur eine schwarze Krähe – wer mag das schon genau zu sagen?

Der Poppele vom Hohenkrähen

Eigentlich ist ja der Hohentwiel die bekannteste und interessanteste Burg im Hegau, eine gewaltige, uneinnehmbare Festung. In Joseph Viktor von Scheffels großem Ritterepos »Ekkehard« spielt er sogar eine zentrale Rolle. Doch was den Burggeist angeht, ist eine der Nachbarburgen, der ebenfalls auf einem Vulkankegel erbaute Hohenkrähen, weitaus bemerkenswerter.

Denn hier haust der Poppele. Zu Lebzeiten war er ein reicher Adliger, der seine Burg auf dem Hohenkrähen hatte. Sein Bruder jedoch, der Graf von Hohentwiel, war noch reicher. Als die beiden eines Tages allein Richtung Bodensee ritten, prahlte der Graf von Hohentwiel ununterbrochen damit, welche Besitzungen ihm gehörten: die Felder zur Linken, die Äcker zur Rechten, der Wald am Horizont, das Dorf, durch das sie galoppierten, und es war geradezu ein Wunder, daß er sich nicht noch rühmte, auch die Vögel am Himmel und die Ameisen auf der Erde zählten zu seinem Eigentum. Seinen ohnehin neiderfüllten Bruder brachte er damit zur Weißglut – bis dieser mit seiner Lanze den Aufschneider vom Pferd stieß und erstach.

Zwar gab es keine Augenzeugen, aber natürlich wurde der Herr vom Hohenkrähen bald von vielen Seiten verdächtigt, den Mord begangen zu haben. Bei Gericht zur Rede gestellt, zog er sich jedoch mit einem heiligen Schwur aus der Affäre: »Wenn ich derjenige bin, der meinen Bruder ermordet hat, dann will ich nach meinem Tod auf ewige Zeiten geistweis umgehen!« Damit hatte er dem Teufel seine Seele verkauft; er wurde zwar von jedem Verdacht freigesprochen, weil die Zeitgenossen einfach nicht glauben mochten, daß sich einer mit einem solchen Schwur der ewigen Verdammnis aussetze, doch ihm selbst war es nicht mehr sonderlich wohl in seiner Haut.

Bald nach dem Meineid verließ er den Hohenkrähen und zog ruhelos in der Weltgeschichte umher. Wo er schließlich begraben wurde, weiß man nicht, doch nach seinem Ende erfüllte sich die von ihm selbst ausgesprochene Prophezeiung: Seitdem muß er in seiner ehemaligen Heimat als Geist umgehen, und zwar bis in alle Ewigkeit.

Der Poppele selbst hat nie jemandem verraten, welches Menschen arme Seele er denn verkörpere. Deshalb erzählen sich die Leute im Hegau noch eine zweite Geschichte über die Herkunft des Geistes – und keiner kann entscheiden, ob die eine oder die andere Legende stimmt. Diesmal heißt es, er sei der Burgvogt einer Edelfrau vom Hohenkrähen gewesen, Johann Christoph Poppelius Mayer mit Namen, nicht gerade einer der kräftigsten und größten Recken seiner Zeit, eher schmächtig und ein bißchen unscheinbar. Eines Tages nun sei ein Abt auf der Burg erschienen und habe um ein Nachtlager gebeten, da er auf Reisen sei und es vor Anbruch der Dunkelheit nicht mehr in die nächstgelegene Stadt schaffen werde. Seiner Bitte wurde stattgegeben, und mit großer Gastfreundschaft wurde der hohe Herr zunächst einmal ordentlich bewirtet. So mancher Becher Wein rann seine Kehle hinunter. Im Lauf der Zeit wurde dem Abt, einem großen stattlichen Mann, die Zunge etwas lockerer, wie es ja bekanntermaßen bei reichlichem Alkoholgenuß schon einmal vorkommen kann, und so machte er sich schließlich über den mickrig geratenen Poppelius Mayer lustig.

Getroffene Hunde bellen – der Burgvogt reagierte darauf stocksauer, ließ den weinseligen Abt ergreifen und ins dunkelste Verlies des Hohenkrähen werfen. So lange sollte er darin schmoren, bis er klapperdürr geworden sei, nichts anderes als Wasser und Brot erhielt der Arme mehr – insgesamt sieben Jahre und vierzig Tage lang, berichtet die Sage. Dann wurde der mehr tote als lebendige Abt freigelassen.

Bei der Abreise prophezeite er dem grausamen Vogt ein baldiges Ende: Auf der Jagd werde ihn in genau einem Jahr sein Pferd abwerfen; bei dem Sturz werde er sich das Genick brechen. Und noch lange nach der Zerstörung der Burg, sieben mal vierzig Jahre lang, werde er dann als Geist umgehen müssen, um das Verbrechen zu sühnen, das er an ihm, dem nunmehr spindeldürren Abt, begangen habe.

Als der Vogt dies hörte, lachte er den Abt aus und jagte ihn von der Burg. Doch ein Jahr nach dieser Weissagung, als kein Mensch mehr einen Gedanken an die Worte des Abts verschwendete, geschah es: Während einer Jagdgesellschaft zog plötzlich ein Gewitter auf; ein Blitz zuckte durch die Wolken, gefolgt von einem mächtigen Donnerschlag. Das Pferd des Poppelius Mayer scheute, warf seinen Reiter ab und galoppierte in wilder Hast davon. Den Burgvogt aber fand man mit gebrochenem Genick tot an einem Baumstumpf liegen.

Beide Legenden sind sich also darin einig, daß der spätere Geist zu Lebzeiten ein böser Mensch gewesen sein muß. Ebenso stimmen sämtliche Berichte von Poppele darin überein, daß er ein Schelm, ein schalkhafter, aber gutmütiger Kobold ist.

Der Hegau ist eine sehr fruchtbare Gegend und wird landwirtschaftlich genutzt, seit die Menschen Ackerbau und Viehzucht betreiben. Auf einem der Anwesen, die dem Hohenkrähen am nächsten liegen, dem Bruderhof, wurde nun eines Tages ein Knecht namens Johann eingestellt, der vorgab, aus einer fernen Gegend zu stammen, ein hübscher Bursche von vielleicht zwanzig Jahren, der mit Worten geschickt umgehen konnte und vor allem sehr kräftig war.

Am dritten Tag beglückwünschten sich der Bauer und seine Frau, wie gut sie es mit dem neuen Knecht getroffen hatten. Dies hätten sie besser nicht getan, denn am nächsten Morgen war Johann verschwunden. Alles Suchen half nichts – der Knecht blieb wie vom Erdboden verschluckt. »Er hat geschuftet, daß die Späne flogen – wie soll es nur weitergehen ohne ihn?« jammerte der Bauer beim Mittagessen. Da flog plötzlich das Küchenfenster auf, und eine kräftige Böe blies direkt in die Kiste mit Kienhölzern, die neben dem Herd stand, so daß die Späne im ganzen Raum umherwirbelten.

Der Bauer dachte sich nicht viel dabei, sondern stand auf und schloß das Fenster wieder. Dann fing er von neuem zu klagen an: »Ach, wenn doch der Johann da wäre – der könnte

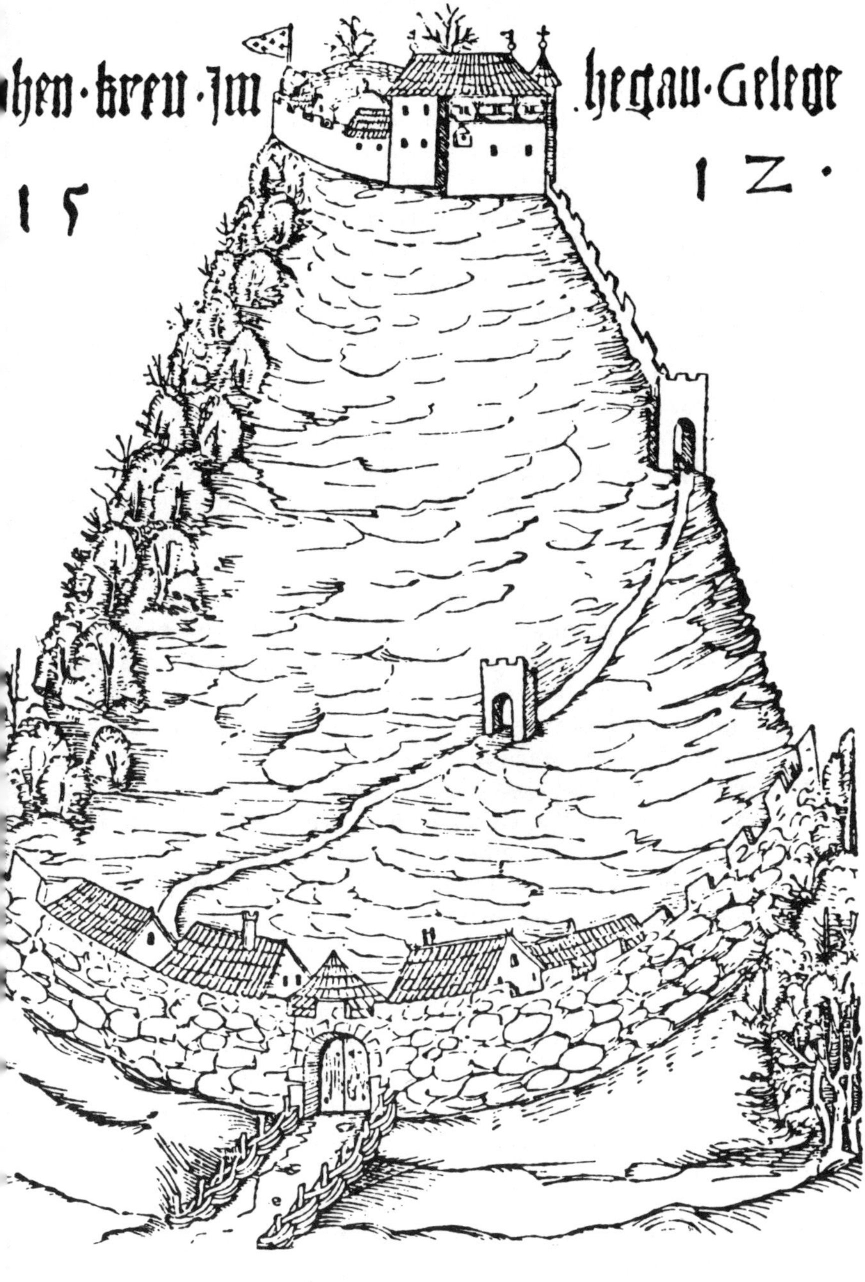
hen·kreu·Jm
.hegau·Gelege
15
12·

die Säcke doppelt so schnell abladen wie ich!« Als er aber nach dem Essen aus dem Haus trat, um diese Arbeit selbst zu tun, da waren schon alle Säcke abgeladen und an ihrem Platz.

Dies setzte sich in den nächsten Tagen fort. Der Poppele – denn um keinen anderen hatte es sich bei dem gespenstischen Knecht gehandelt – sorgte für den Nachschub von Holz und Wasser für die Küche, schleppte Stroh herbei, fütterte das Vieh, mistete aus und melkte. Nur eine Bemerkung, das hatte sich bald herausgestellt, durfte bei keinem Auftrag für den Poppele je fehlen: »Mach nicht zuviel und nicht zuwenig!« Fehlte dieser Zusatz, dann holte er nicht nur ein paar Gabeln Heu, sondern alles vom Dachboden herunter, und statt einigen Scheiten schleppte er den gesamten Holzstoß in die dann völlig verbarrikadierte Küche. Andererseits – gab man ihm den Auftrag, alles wieder wegzutragen, hat er auch dieses prompt erledigt.

So ging dies nicht nur einige Tage, sondern viele Jahre. Allerdings nicht ganz ohne Gegenleistung: Zum Dank für sein Tun und Treiben war es unerläßlich, daß die Bauersleute dem Poppele beim Essen einen eigenen Teller auf den Tisch stellten und ihn zum Mitessen einluden, denn sonst flog die Mahlzeit nur so durch die Stube und ein Haufen Geschirr gleich hinterher. Oder wehe, man lud ihn nicht zum Mitfahren aufs Feld ein: mit Sicherheit brach dann eine Deichsel ab, ein Rad löste sich, oder der Wagen blieb irgendwo hoffnungslos stecken. Auch beim Backen hatte man eine Anweisung des Poppele zu befolgen und dem ersten Bettler, der sich auf dem Bruderhof einstellte, den ersten Laib Brot kostenlos zu überlassen.

Alles in allem also ein sehr sozial eingestellter, hilfreicher Geist, dem gleichwohl nichts entging. Als auf dem Hof eine Magd in Stellung war, die beim Melken regelmäßig verbotenerweise eine ordentliche Portion Milch gleich selber trank, kassierte sie jedesmal dafür wie von Geisterhand eine schallende Ohrfeige. Schließlich waren ihr die Prügel zuviel, und sie beschloß zu kündigen. Nach langem Fragen des Bauern, was denn der Grund für ihren Weggang sei, erzählte sie ihre unheimlichen Erlebnisse im Stall. Und als der Bauer weiterbohrte, gestand sie auch die Sache mit der Milch. Worauf der Bauer ihr den Rat gab, doch einfach das Milchtrinken bleiben zu lassen, dann geschehe ihr auch nichts. Gesagt – getan. Seit dieser Zeit gab es für den Poppele keinen Grund mehr, im Kuhstall Ohrfeigen auszuteilen, und die Magd blieb noch viele Jahre, gänzlich unbehelligt von irgendwelchen Geistern, auf dem Hof.

Doch der Poppele hat sich nicht nur auf dem Bruderhof manchen Schabernack geleistet. So war einst eine Eierfrau mit einem vollbepackten Korb auf dem Rücken unterwegs zum Markt. Auf halber Strecke, in der Nähe des Hohenkrähen, setzte sie sich eine Weile auf einen Baumstumpf, um Rast zu machen – nicht ahnend, daß sie sich in Wirklichkeit auf den Poppele gesetzt hatte, der sich aus lauter Übermut in einen Baumstumpf verwandelt hatte. Kaum hatte sich die arme Bauersfrau niedergelassen, da verschwand ihr Sitzplatz mit einem Schlag, die Frau fiel samt dem Korb auf den Boden, und die Eier waren überall verstreut. Auf diesen Schrecken hin begann sie zu weinen – sie hätte die Einnahmen vom Markt so dringend gebraucht, und nun waren die Eier zerbrochen. Doch der Schock verwandelte sich rasch in Erleichterung, als sie feststellte, daß bei dem Sturz wundersamerweise nicht ein einziges Ei zu Bruch gegangen war.

Nicht immer sind die Scherze des Poppele so glimpflich ausgegangen; ein Glasbläser hat da mit seinen ebenfalls recht zerbrechlichen Produkten schlechtere Erfahrungen gemacht. Mit vollbeladenem Korb schnaufte er an fast derselben Stelle vorbei wie die Eierfrau. »Wenn doch jetzt nur der Poppele käme und mir meine Last ein Stück weit abnehmen könnte«, seufzte er vor sich hin, als er seinen Korb auf einem Baumstumpf abstellte. Dummerweise hatte der Glasbläser den Zusatzspruch vergessen: »Nicht zuwenig und nicht zuviel!« Der Baumstumpf jedenfalls fing urplötzlich an, dermaßen zu rütteln und zu schütteln, daß der Korb herunterfiel und sein Inhalt in tausend Scherben zerbrach. Was folgte, war ein schadenfrohes Gelächter, worauf von einem Baumstumpf nichts mehr zu sehen war.

Etwas lohnender war für zwei Handwerksburschen die Begegnung mit dem Geist, den sie in einem Graben kegeln sahen. Der Poppele lud sie ein, mitzukegeln und auch ein paar Gulden einzusetzen. Zuerst war's, wie immer beim Glücksspiel: Die Burschen gewannen, wurden mutiger und somit unvorsichtiger und hatten am Schluß keinen einzigen Heller mehr in der Tasche, so daß sie schließlich tief betrübt und mittellos von dannen schlichen.

Ein Stück weiter bemerkte der eine plötzlich, daß ihm der Poppele eine Kugel des Kegelspiels in den Rucksack gesteckt hatte. Ärgerlich warf er sie weg. Wenig später gelangten sie nach Mühlhausen, und nun rieben sie sich die Augen, als der zweite Bursche seinen Ranzen abnahm: In ihm steckte nämlich ein Kegel aus reinstem Gold, so schwer und so wertvoll, daß niemand im Dorf Geld genug besaß, ihm den Kegel abzukaufen. Lediglich einer ließ sich ein Stück davon absägen und bezahlte 2000 Gulden dafür.

Viele machten sich, nachdem sie die wundersame Geschichte erfahren hatten, nun auf die Suche nach der weggeworfenen, womöglich ebenfalls goldenen Kugel, doch kein Mensch konnte sie mehr finden. Und der Poppele? Der hatte auch einen Fehler gemacht: Fortan mußte er nämlich mit nur noch einer Kugel und acht Kegeln auskommen, weil er den neunten ja weggeschenkt hatte.

Selbst der frommen Äbtissin vom mittlerweile längst aufgelassenen Kloster Amtenhausen kam der Geist vom Hohenkrähen einmal in die Quere. Die Kutsche der frommen Mechthild war nämlich auf der Fahrt von der Baar in Richtung Bodensee steckengeblieben, und kein Ziehen, kein Zerren, kein Anfeuern der Pferde half mehr: Der Kutscher brachte das Gefährt einfach keinen Zentimeter mehr von der Stelle. Schließlich besann er sich, daß in dieser Gegend nur der Poppele für den Schabernack verantwortlich sein konnte. Der Kutscher bat die Äbtissin deshalb um die ungewöhnliche Erlaubnis, einen Fluch zum Himmel schicken zu dürfen, der den Poppele samt seinem Spuk sicher auf der Stelle vertreiben werde.

Die Klosterfrau untersagte solch unchristliches Tun natürlich mit allen Anzeichen der Entrüstung. Doch als nach mehreren Stoßgebeten und anderen Mühen die Kutsche immer noch keinen Ruck nach vorne machte, willigte sie – »in Gottes Namen« – eben ein. Der Kutscher durfte seinen Fluch ausstoßen, alle himmlischen und höllischen Geister beschwören, und tatsächlich: Wie von selbst kam die Kutsche frei, und die fromme Nonne konnte mit Hilfe einer höllischen Beschwörung die Stelle verlassen, an der der schalkhafte Poppele mit ihr sein Spielchen getrieben hatte.

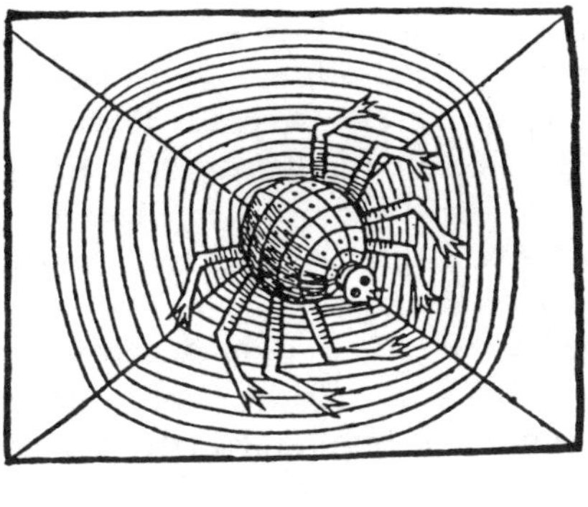

Die Burgfrau von Schloß Balm

Im tiefen Süden von Baden-Württemberg, auf drei Seiten nur einen Steinwurf von der Schweizer Grenze entfernt, liegt der Jestetter Ortsteil Balm direkt am Hochrhein. Die Herren von Balm müssen wilde Gesellen gewesen sein, denn immer wieder ist die Rede von Fehden und Scharmützeln, die sie sich mit anderen Grundherren geliefert haben. Freilich gehörte so etwas früher sozusagen zum guten Ton; die höchsten Geschlechter beteiligten sich am allgemeinen Hauen und Stechen, um zu möglichst viel Besitz, Macht und Einfluß zu gelangen. Die von Balm waren immerhin Edelfreie, gehörten also zu einer Kaste, die noch etwas über den normalen Adeligen stand.

Von ihrer Burg aus konnten sie die Schiffahrt auf dem Rhein kontrollieren; schon deshalb saßen sie wie die Maden im Speck. In ihrem Wappen führten die Balmer einen silbernen Mühlstein, wohl auch als Hinweis auf die zur Burg gehörende Bannmühle, die einem Grundherrn die nötigen Einkünfte sicherte, ohne daß die Bauern, die in diese Mühle »gebannt« waren, dort also zu mahlen hatten, etwas gegen ihre Zwangsabgaben ausrichten konnten.

Im Jahr 1286 war das Geschlecht derer von Balm ausgestorben, was durchaus etwas mit der Geschichte zu tun hat, die gleich erzählt wird. Die Burg ging in den Besitz der Habsburger über und dann in die Hand der Grafen von Sulz, die jahrzehntelang in Streit und Hader mit dem benachbarten Kloster Rheinau lebten, das sie wegen seiner satten Einkünfte nur allzu gerne unter ihre Aufsicht gestellt hätten. Doch die Mönche wehrten sich wacker. Auch als hintereinander verschiedene Äbte von ganz verschiedenen Familienmitgliedern der Sulzer in Hinterhälte gelockt und anschließend in Verliese geworfen wurden, gaben sie nicht klein bei. Selbst Belagerungen und kriegerische Auseinandersetzungen hinderten sie nicht daran, immer wieder den Kaiser, verbündete Städte oder Gerichte um Hilfe anzurufen. Meist war dieses Vorgehen nur von kurzem Erfolg gekrönt; immer wieder begannen die Grafen von Sulz das Spiel von neuem, kaum daß es den Anschein hatte, es sei nun endlich Ruhe eingekehrt. Die Gräfinnen, übrigens, waren ebenso mit von der Partie.

Im Jahr 1449 hatten die Nachbarn in Schaffhausen schließlich genug von den ständigen Klagen wegen Raubrittertums und Horrorzöllen für die Schiffahrt und den Handel zu Lande. Sie verbündeten sich mit den Klosterinsassen und schlugen so unbarmherzig los, daß die Fehde mit der völligen Niederlage der Sulzer und der Zerstörung des Schlosses Balm endete. Um auf Nummer sicher vor der dennoch angedrohten Rache zu gehen, folgte der Abt von Rheinau dem Beispiel von Schaffhausen und schloß 1453 ein Bündnis mit der Eidgenossenschaft, die im Gegenzug den Schutz des Klosters garantierte – ein schlauer Schachzug, der endlich die lang ersehnte Ruhe brachte. Die Glocke von Schloß Balm übrigens wurde bei der Zerstörung der Burg durch die Schaffhauser als Beutestück fortgeschafft und ist als »Küngeliglöckli« bis auf den heutigen Tag am Fronwaagenturm von Schaffhausen zu hören und zu sehen.

Der Boden also, auf dem Schloß Balm einst stand, war offenbar im Lauf der Jahrhunderte ebenso geschichts- wie auch konfliktträchtig. Damit wären wir bei der Burgfrau von Schloß Balm, von der nun erzählt werden soll.

Im 13. Jahrhundert hauste auf dem Schloß seiner Ahnen der Ritter Lutz von Balm, ein alter Haudegen und Tunichtgut, der keinem Streit aus dem Weg ging, bis er bei einem Scharmützel in seinem adeligen Gegner offenbar seinen Meister fand und derart übel zusammengehauen wurde, daß er, wie es heißt, fortan nur noch am Stock gehen konnte. Solchermaßen zwangsläufig vernünftig geworden, merkte der wackre Rittersmann, daß auch er allmählich in die Jahre kam, aber bisher weder für eine Frau noch für Nachwuchs gesorgt hatte, dem er die stolze Ritterburg eines Tages hätte vererben können.

Wenig später war's dann auch schon geschehen, wenigstens das erste seiner beiden Versäumnisse war nachgeholt, als er ein Ritterstöchterlein aus dem Thurgau mit Namen Kunigunde ehelichte. Das scheint allerdings nicht gerade eine Schönheit gewesen zu sein. Dafür achtete die neue Frau von Balm auf Zucht und Ordnung, darüber hinaus brachte sie eine mildtätige Wesensart und ein weiches Herz mit in die Ehe. Der Ritter ließ sich zum Erstaunen seiner Umgebung im Lauf der Zeit tatsächlich bändigen und fand sich auf seine alten Tage mit dem tristen, sittsamen Leben an der Seite seiner tugendreichen besseren Hälfte ab.

So schien es jedenfalls – bis die leibhaftige Versuchung in Gestalt einer Jungfrau namens Amina auftauchte. Ihr Vater schweifte, als Friedensbrecher geächtet und vom König enteignet, mittellos in der Welt umher. Amina war eine Zeitlang mit ihm mitgezogen, doch bettelarm, wie sie von einem Tag auf den anderen geworden war, hatte sie eigentlich keine andere Wahl als irgendwo in einem Kloster zu verschwinden. Aber dazu verspürte sie nicht die geringste Lust. Also versuchte sie es zunächst noch auf Burg Balm, von deren warmherziger Burgfrau auch sie schon gehört hatte. Und tatsächlich: Es klappte, Kunigunde nahm die arme Raubritterstochter bei sich auf und gewährte ihr großzügig freien Aufenthalt, solange sie in Not war.

Der selbstlose Zug Kunigundes erwies sich freilich als ihr eigenes Todesurteil, denn es dauerte nicht lange, da erwachten in dem alten Strauchdieb wieder die Frühlingsgefühle, die von der reizvollen Amina mit List und Tücke gefördert wurden.

Amina trachtete jedoch nach mehr als nur der Zuneigung des alten Ritters und bedeutete diesem, ganz könne er sie nur gewinnen, wenn sie im Gegenzug Burgherrin an Kunigundes Stelle werde.

Das ließ nun dem Ritter Lutz keine Ruhe mehr. Die Entscheidung fiel – er wollte Kunigunde beiseite schaffen. Nur wann und wie war noch unklar. Sobald seine Noch-Gemahlin den Knaben, den sie ihm in der Zwischenzeit geboren hatte, abgestillt hätte, würde er ihr Gift unters Essen mischen. Und tatsächlich, so geschah es: Die ahnungslose Burgherrin wurde wenige Monate später vergiftet. Offiziell ließ der trauernde Hinterbliebene natürlich verbreiten, seine über alles geliebte Frau, Mutter seines Sohnes, sei völlig unerwartet eines plötzlichen Todes gestorben.

Kaum war das Trauerjahr vorbei, in dem von Traurigkeit nicht viel zu spüren gewesen war, wurde auf Burg Balm eine glanzvolle Hochzeit gefeiert. Lutz und Amina kümmerten sich vor wie nach der Vermählung nur um sich selbst. Und das Kind Kunigundes, Hugo, der später einmal die Burg und Herrschaft Balm erben würde? Ihn überließen die beiden einer Amme zur Pflege, die sich freilich wenig um den nun anderthalbjährigen Knaben kümmerte. Ob er nachts in seiner Wiege schrie oder nicht – ihr war's egal, sie blieb daneben seelenruhig im Bett liegen.

Doch eines Nachts kam alles anders: Wieder schrie der kleine Hugo in seiner Wiege, wieder ließ sich die hartherzige Amme nicht erweichen, doch mit einemmal hörten die Kinderschreie auf, und seltsame Geräusche waren zu vernehmen, als ob die Wiege sacht geschaukelt würde. Unmöglich! Die Amme erhob sich, um nachzusehen ... da gefror ihr das Blut in den Adern: Eine weiße Frauengestalt stand an der Wiege und bewegte sie liebevoll. Nach einer Weile nahm das Wesen den Knaben heraus, drückte ihn innig an seinen Busen und legte das nun friedlich schlafende Kind schließlich wieder zurück. Kein Zweifel – das Gespenst hatte die Gesichtszüge der verstorbenen Kunigunde!

Die Gestalt blieb, blieb bis kurz vor Tagesanbruch! Erst dann verschwand sie, und erst da kehrte Leben in die bisher wie versteinert dasitzende Amme zurück. In panischem Entsetzen stürzte sie zum Burgherrn und seiner Frau, berichtete von den nächtlichen Geschehnissen und weigerte sich standhaft, weiterhin auf den kleinen Hugo aufzupassen.

Der Ritter gab sich den Anschein, als beeindrucke ihn die Geschichte nicht im mindesten, ja als sei das alles nur so dahinfabuliert. In Wirklichkeit aber lief es ihm eiskalt den Rücken hinauf und hinunter. Amina, die die Leiche der Burgherrin nie gesehen hatte, war von Anfang an mißtrauisch gewesen, ob Kunigunde nicht doch noch am Leben sei. Vielleicht hatte Lutz sie ja gar nicht vergiftet, sondern nur in irgendeinen Kerker geworfen und ihr etwas vorgespielt. Nun beschloß Amina, die Sache selbst in die Hand zu nehmen. In der folgenden Nacht wollte sie Wache im Zimmer des Jungen halten.

Gesagt – getan. Bis Mitternacht blieb alles ruhig, doch mit dem Glockenschlag vom Turm der Burg herunter begann der kleine Hugo, unruhig zu werden und zu weinen. Kurz darauf trat die weiße Gestalt ins Zimmer. Kunigunde – also doch: Amina, die ihren Verdacht bestätigt sah, sprang wütend auf, der Rivalin an die Gurgel. Aber genausogut hätte sie in Nebel greifen können. Wo sie auch ansetzte, die Gestalt zerfloß buchstäblich unter ihren Händen. Nun aber richtete sich der bleiche Geist drohend vor der Burgfrau auf, und es wurde klar, wer im Raum das Sagen hatte. Wie in der Nacht zuvor hob die Gestalt daraufhin den Knaben aus der Wiege und drückte ihn ans Herz – oder jedenfalls an die Stelle, an der bei Menschen das Herz sitzt. Amina aber floh wie ein gehetztes Reh weit, weit weg.

Als der Ritter am nächsten Morgen mit ungutem Gefühl nach seiner spurlos verschwundenen Frau suchte, fand er ein Blatt Pergament, auf das Amina in wilder Hast geschrieben hatte, sie habe den Geist von Kunigunde leibhaftig vor sich gesehen und trete nun in ein Kloster ein, um für ihre Sünden zu büßen. Nach dem schrecklichen Erlebnis der vergangenen Nacht sei es am besten, der Burgherr eifere ihrem Beispiel nach. Und tatsächlich: Der Übeltäter, den sein Schicksal eingeholt hatte, übergab seinen kleinen Sohn in die Obhut eines Priesters, der für dessen Erziehung sorgen sollte, und verließ die Burg seiner Ahnen. Die Sage berichtet, daß der Ritter Lutz von Balm die Tage nun als Einsiedler fristete, um in völliger Armut seine schwere Schuld zu büßen. Die weiße Frau von Schloß Balm aber ist seitdem nie wieder gesehen worden.

Der Spuk von Seedorf

Von einem etwas wunderlichen Gespenst soll nun die Rede sein, von dem man zwar nicht allzuviel mehr weiß, das aber doch zumindest eine für ein Gespenst recht merkwürdige Charaktereigenschaft besaß. Während sich ein normaler Zeitgenosse ja in der Regel vor einem Geist fürchtet oder jedenfalls im ersten Augenblick der Begegnung erschrecken wird, falls er nicht Nerven wie Drahtseile hat, war es beim Gespenst von Seedorf genau umgekehrt. Das nämlich hatte seinerseits Manschetten vor dem Besitzer des Schlosses zwischen Schiltach und Oberndorf, vor Johann Werner dem Jüngeren von Zimmern.

Dieser Johann Werner scheint im 15. Jahrhundert ein recht unchristliches Lotterleben geführt zu haben, an dem selbst der Verfasser der Zimmerschen Chronik, immerhin ein Blutsverwandter, Anstoß nahm. So habe er mit idiotischen An- und Umbauten nicht nur die Bausubstanz des Seedorfer Wasserschlosses dermaßen ruiniert, daß kurz nach seinem Tod große Teile des Gemäuers in sich zusammenfielen, und auch seinen zweiten Besitz, Schloß Falkenstein, fast kaputtsaniert, sondern er habe außerdem so verschwenderisch gelebt, daß hinterher fast kein Pfennig übrigblieb: »Graf Johann Werner hatte mit Fleiß darauf hingearbeitet, daß bei seinem Tode seine Sachen nicht so stünden, daß es jemand unternehmen könnte, aus seiner Hinterlassenschaft Schlösser zu erbauen.«

Auf jeden Fall hat der kühne Recke also ziemlich unbekümmert in den Tag hineingelebt und sich wohl um nichts und niemanden große Gedanken gemacht, nicht einmal um das Gespenst, das im Schloß von Seedorf offenbar schon von alters her umging. Mit den Dienstboten, ob Männlein oder Weiblein, stellte der Geist allerlei Schabernack an und erschreckte sie dermaßen, daß die meisten schon nach kurzer Zeit davonliefen. Der Graf aber ließ sich von den unheimlichen Geräuschen, dem furchterregenden Gepolter und dem übrigen Brimborium in keiner Weise beeindrucken. Er habe sogar, heißt es in der Chronik, »dem Gespenst geflucht«. Weil der alte Graf jedoch eine etwas seltsame Art hatte und zum Jähzorn neigte und weil ihm die grauenvollsten Verwünschungen locker über die Zunge gingen, passierte etwas ganz Unglaubliches: Das Gespenst bekam Angst vor ihm! Es habe »ihn deshalb um so weniger geplagt«, heißt es. Eine einmalige Begebenheit, die in keiner anderen süddeutschen Gespenstergeschichte auftaucht: ein Geist, der sich vor einem Menschen fürchtet!

Was aber weiß man sonst noch von dem feigen Weißkittel? Nur so viel, daß er durchaus den Rest der Menschheit von Seedorf, wie ja auch die Dienerschaft, in Angst und Schrecken versetzt hat und daß deshalb nach dem Tod der Witwe von Johann Werner, die tapfer bis zu ihrem seligen Ende in dem alten, verlotterten Spukschloß ihr Dasein gefristet hat, niemand mehr hier wohnen wollte. Überhaupt galt der Aufenthalt in dem Wasserschloß, das in einer feuchten Niederung lag, als ungesund.

Kein Wunder, daß heute nichts mehr von dem Gemäuer übriggeblieben ist. Immerhin haben die Seedorfer auch noch dann, als das Schloß schon längst öde und verlassen war, bei Nacht Lichter in verschiedenen Räumen gesehen, ab und zu auch merkwürdige Geräusche gehört. Falsch ist jedoch die Behauptung, keiner habe sich getraut, einmal nach den Ursachen zu sehen. Da jeder wußte, daß es dort spukte, wäre es einfach unnötig gewesen, daß jemand nachgeschaut hätte.

Noch im 16. Jahrhundert hat allerdings Graf Froben Christoph von Zimmern ab und an, wenn er unterwegs war und es halt woanders nicht mehr hingereicht hat, sein Nachtquartier in dem leerstehenden Kasten genommen. Zur Sicherheit ließ er einen mit einer Laterne bewaffneten Diener bei sich im Zimmer schlafen. Alles andere als geheuer war es dem Grafen in dem verlotterten Seedorfer Schloß, und das nicht zu Unrecht. Mehr als einmal kam es ihm so vor, als würden Ziegen im Haus umherlaufen und sogar die Treppe in den Hof hinunterspringen. (Oder war's der Leibhaftige mit seinem Geißfuß?) Ein anderes Mal hob in der Nacht ein riesiges Getöse und Gepolter an, direkt unter dem Zimmer im Pferdestall, so, als ob die Pferde sich losgemacht hätten. Der tapfere Graf weckte seinen Diener, der nichts vernommen hatte und selig den Schlaf des Gerechten schlief. Auch der Lakai hörte nun die merkwürdigen Geräusche, die eindeutig von den Pferden kamen. Er zog sich eilends an, nahm das Schwert in die eine, ein Kerzenlicht in die andere Hand und begab sich zum Stall, um nach dem Rechten zu sehen. Doch dort war alles noch so wie am Abend zuvor: Der Stall war verschlossen, und die Pferde schliefen.

Dennoch bemerkte der Hasenfuß von Graf, der seinen Diener alleine losgeschickt hatte, an diesem eine Veränderung. »Keinem Menschen« habe er gleichgesehen, als er wieder ins Zimmer kam. Doch auf die hartnäckigen Fragen des Edelmanns, was er denn gesehen habe, verweigerte der Diener jede Antwort. Endlich gab sich der Graf damit zufrieden, denn ihm dämmerte die Erkenntnis, daß gerade in diesen Angelegenheiten Reden zwar manchmal Silber, sehr viel öfter jedoch Schweigen Gold ist. Schließlich hat man ja schon von schlimmen Folgen erfahren, »was solches Gespenst- und Teufelswerk vermag, wenn man zu Unzeiten davon redet«. Und so bleibt es dabei: Der einzige, der je dem Gespenst in Seedorf hat Paroli bieten können, war Graf Johann Werner der Jüngere.

Was freilich der Geist jetzt treibt, nachdem vom Schloß schon lange nichts mehr übrig ist, dazu schweigt die Überlieferung – genauso wie über den Verbleib des Schatzes, den man

unter dem alten Seedorfer Schloß vermutete. Obwohl man im 16. Jahrhundert mit allen möglichen und unmöglichen Mitteln danach gesucht hat, konnte man ihn nicht finden. Allerdings seien die Schatzsucher dem Mammon schon ziemlich nahe gewesen, immerhin habe die aus einem Haselnußzweig gefertigte Wünschelrute an einer Stelle gewaltig ausgeschlagen – was aus heutiger Sicht allerdings wohl eher wegen des Wassers rings um das Schloß passiert sein dürfte als wegen irgendwelcher alten Gold- und Silbermünzen im Erdreich. Jedenfalls: Wo das damals genau gewesen sein soll, das wissen auch die alten Seedorfer heute nicht mehr.

Die zwei bösen Geister von Wolfach

Gleich zwei Geistergeschichten erzählt man sich aus Wolfach im Kinzigtal. Unterhalb der ehemaligen Burg derer von »Wolva«, dem sogenannten Schlößle, liegen die Weihermatten, früher ein Wiesengelände mit reichlich Gestrüpp und Unterholz. Hier ist im Jahr 1503 ein grauenvoller Mord verübt worden, der die ganze Gegend in Aufruhr versetzte. Ein Bauer namens Jacob Pflinter war in arge Geldnöte geraten und nicht mehr in der Lage, dem Vogt die fälligen Abgaben zu entrichten. In seiner Verzweiflung entschloß er sich zu einem Raubüberfall. Er versteckte sich in den Weihermatten, wo er nicht so leicht gesehen werden konnte, und wollte nun also den ersten besten ausplündern, der hier vorbeikäme.

Das Schicksal wollte es, daß das Opfer ein anderer Wolfacher Bauer war, Heinrich Schnider. Er ging durch die Weihermatten seines Wegs und dachte sich nichts Böses, als er mit einemmal von hinten niedergerissen und zu Boden geworfen wurde. Im Fallen erkannte er, daß es sein Nachbar war, der ihm hier aufgelauert hatte, und rief voller Entsetzen dessen Namen. Der unerwartet Erkannte geriet in Panik und beschloß nun, den Bauern, den er eigentlich nur ohnmächtig hatte schlagen und ausrauben wollen, zu töten. Er langte nach einem Stein und zerschmetterte dem Überfallenen damit den Schädel, kurz danach ergriff er, von seiner

schrecklichen Tat vollkommen verstört, in wilder Hast die Flucht.

Wenig später wurde das Opfer gefunden. Neben dem Toten steckte ein langer Säbel in der Erde, ein Säbel, dessen Besitzer man nur allzugut kannte: Bauer Jacob Pflinter, der wohl in seiner Panik, als er Hals über Kopf geflohen war, die Waffe völlig vergessen hatte.

Einige Tage danach wurde Gericht gehalten, nach alter Sitte unter der Linde von Oberwolfach. Doch der Beschuldigte konnte nicht herbeigeschafft werden; er war schon über alle Berge gewesen, als man zu ihm geritten war, um ihn zu verhaften. So fand die Verhandlung ohne den mutmaßlichen Täter statt. Die Hinterbliebenen von Bauer Schnider formulierten ihre Anklage, die Richter rekonstruierten das Geschehen und listeten die Wunden des Opfers auf: »das Haupt zerspalten, die Gurgel abgestochen, Arme und Hände abgehauen.« Bestialisch!

Die Strafe, die verhängt wurde, war vorauszusehen gewesen: Pflinter wurde für vogelfrei erklärt, was zur damaligen Zeit einem Todesurteil gleichkam. Jeder konnte ihn nun gefangennehmen und mit ihm machen, was er wollte, ihn also beispielsweise auch töten, ohne des Mordes oder Totschlags bezichtigt zu werden.

Das Gericht ließ nach dem Urteilsspruch den Flüchtigen mit allen Glocken verläuten »als einen toten Mann«. Doch gesehen hat man den Jacob Pflinter in Wolfach nie wieder, und Nachrichten über seine Gefangennahme oder seinen Tod andernorts sind auch nicht bekannt geworden.

Weil die üble Tat von Menschen also nicht gesühnt werden konnte, hat die ewige Gerechtigkeit, so sagt der Volksmund, den Mörder schlimm bestraft. Wo und unter welchen Umständen auch immer er starb – seine Seele hat keine Ruhe gefunden. In den Weihermatten unterhalb der ehemaligen Burg, genau an der Stelle, an der einst der Mord verübt wurde, muß sein Geist umgehen bis zum jüngsten Tag.

Dem Schurken scheint zu Lebzeiten keinerlei Einsicht zugänglich geworden zu sein, denn die Spukgestalt gilt als böser

Geist: Wenn nächtens Nebel vom Tal heraufziehen, zeigt sie sich nämlich als Irrlicht, das harmlose Zeitgenossen auf Abwege führt, bis jene sich im Dickicht und Gestrüpp total verirrt haben.

In klaren Nächten hingegen kann es ahnungslos hier Vorbeikommenden passieren, daß urplötzlich ein finsterer Geselle mit langem Säbel vor ihnen steht. Klar, daß es sich dabei um den Geist von Jacob Pflinter und den Säbel handelt, mit dem vor fast fünfhundert Jahren der arme Heinrich Schnider vom Leben zum Tod befördert worden ist.

Doch wie gesagt, dies ist nicht das einzige Gespenst, das in Wolfach umgeht. Bei dem anderen handelt es sich bemerkenswerterweise um den Geist eines Priesters, dem offensichtlich die ewige Erlösung versagt wurde. Mit welchem Gottesdiener die Erscheinung zusammenhängt und was für eine Verfehlung dieser sich zuschulden kommen ließ, wegen der er dann so grausam bestraft wurde, das weiß niemand.

Sicher ist hingegen, daß besagtes Gespenst seit Menschengedenken in jeder Vollmondnacht auf einem Wolfacher Acker erscheint – in vollem Meßgewand, das Meßbuch unter den Arm geklemmt. Nur einmal, so berichtet die Erzählung, sei der Geisterpriester am hellichten Tag einem kleinen Mädchen begegnet. So furchterregend muß er ausgesehen haben, daß das Kind gewaltig erschrak und wie vom Teufel gejagt davonrannte. Auf dem Acker, auf dem diese unheimliche Begegnung stattfand, entdeckte die Bäuerin später merkwürdige, farbige Glasscherben. Sie sammelte sie auf, weil sie diese ihren Kindern zeigen wollte. Zu Hause angekommen, präsentierte sie den merkwürdigen Fund – doch die Scherben hatten sich in ihrer Tasche zu uralten Geldstücken verwandelt.

Die Fee Melusine von Schloß Staufenberg

Mitten in den Rebhängen ums badische Durbach östlich von Offenburg, wo ein hervorragender Wein gedeiht, steht auf einem steilen Berg ein Schloß, das einst die Familie derer von Staufenberg erbaut hat, das mittlerweile aber längst dem Markgrafen von Baden gehört, der dort eine Gaststube und auch einen Weinverkauf eingerichtet hat. Um dieses Schloß spinnen sich verschiedene Sagen von einem geheimnisvollen Zauberwesen namens Melusine, einer guten Fee, deren Vertrauen einmal gänzlich mißbraucht wurde und die sich dafür bitterlich gerächt hat.

Peter Diemringer von Staufenberg, um den sich die Geschichte dreht, war ein kühner Recke, der als Knabe die für einen Rittersmann beste nur denkbare Erziehung genossen hatte und an verschiedenen herausragenden Höfen des Reiches ausgebildet und erzogen worden war. Als Teilnehmer eines Kreuzzugs wurde er am Heiligen Grab in Jerusalem zum Ritter geschlagen, eine ganz besondere Ehre und Auszeichnung für den jungen Adligen, der fortan in halb Europa umherreiste, an vielen Turnieren teilnahm und dabei derart glänzte, daß ihm

sein fast schon legendärer Ruf an jeden Hof, den er besuchte, vorauseilte. Keine Frage, daß er die Herzen der Ritterstöchterlein im Sturm eroberte, doch die eine, die für ihn die richtige sein sollte, hatte er noch nicht gefunden.

Die Zeit verging wie im Flug, und der junge Ritter kam nur noch selten in seine Heimat. Als ihn dann doch einmal wieder ein Abstecher ins elterliche Schloß über den Weinbergen führte, blieb er einige Tage in Staufenberg und besuchte am Sonntag auch den Gottesdienst in der Dorfkirche von Nußbach. Auf seinem Weg dorthin begegnete dem edlen Recken ein wunderschönes Mädchen, in das er sich Hals über Kopf verliebte. Sofort war ihm klar: Die oder keine!

Man kam miteinander ins Gespräch, fragte nach dem Woher und Wohin, und zum Erstaunen des Rittersmanns erzählte die Schöne nun eine wundersame Geschichte: Bei seinen Reisen in ferne Länder sei sie ihm immer zur Seite gestanden, und in den zahlreichen Scharmützeln und Gefechten habe sie ihre schützende Hand über ihn gehalten. Ja, sie sei nichts mehr und nichts weniger als seine gute Fee, die ihm auch künftighin gerne ihren Schutz gewähren wolle. Wenn der Ritter sie, Melusine, begehre, dann werde sie immer an seiner Seite bleiben; sie werde für Siege im Turnier sorgen und Geld und Güter beschaffen soviel vonnöten wäre – ihretwegen bis zum jüngsten Tag. Allerdings dürfe der Ritter sein Lebtag lang keine andere an seiner Seite dulden, sonst drohe ihm der baldige Tod. Falls er entgegen der Abmachung doch heirate, dann werde sie, die

Fee, sich am Tag der Hochzeit zeigen. Wenn er ihren bloßen Schenkel erblicke, dann sei er verflucht und müsse am dritten Tag nach der Erscheinung sterben.

Das nun konnte man glauben oder nicht, auf jeden Fall versprach Ritter Peter alles, was er versprechen mußte, um ja das bezaubernde Mädchen für sich zu gewinnen. Der Pakt zwischen der Fee Melusine und dem Ritter von Staufenberg war damit für alle Zeiten besiegelt.

Und tatsächlich: Fortan lebte der Ritter zum Erstaunen seiner Freunde und Bekannten in Saus und Braus, so üppig, daß man zunächst fürchtete, er lebe über seine Verhältnisse und gehe dem sicheren Ruin entgegen, was damals in der Ritterschaft ja durchaus an der Tagesordnung war. Aber von Geldknappheit keine Spur, und auch das Glück in Spiel und Kampf verließ den Ritter nicht.

Als nun nach vielen Jahren der deutsche König starb, wurde ein großer Reichstag einberufen, auf dem die Mächtigen das neue Oberhaupt bestimmen wollten. Ihm zu Ehren sollte anschließend die Creme der deutschen Ritterschaft ein prächtiges Turnier austragen. Selbstverständlich wurde dazu auch unser Ritter von Staufenberg gebeten, der die Einladung mit Freuden annahm und bei den Spielen glänzte wie kein anderer. Der neue König war hingerissen von Peter Diemringers Künsten und bot diesem in der Begeisterung eine seiner Cousinen, immerhin die Herzogin von Kärnten, die einen enormen Landbesitz samt riesigem Vermögen ihr eigen nannte, zur Frau an. Das

wäre natürlich eine unglaublich günstige Partie für den Ritter gewesen, und das Angebot des Königs erregte großes Aufsehen. Doch Ritter Peter wand sich, so gut er nur konnte, und bedeutete dem überaus erstaunten Monarchen, der Sinn stehe ihm im Augenblick absolut nicht nach Heiraten und überdies sei er ja wohl nicht ganz der Richtige für eine derart edle Frau wie die Herzogin. Der König ließ jedoch nicht locker, und auch die versammelten Könige und Großen des Reiches redeten auf den immer mehr in Bedrängnis geratenden Ritter ein, ob er denn wisse, was er da sage, so ein Angebot könne man unmöglich ablehnen.

Schließlich gestand Peter Diemringer, aus welchem Grund er sich so hartnäckig weigerte; er erzählte von Melusine, ihrer Eifersucht und seinem Schwur. Würde er den nun brechen, ergehe es ihm schlecht, am dritten Tag nach der Hochzeit müsse er sterben.

Diese Aussage nun kam auch den anwesenden Bischöfen und Priestern zu Ohren, die den Ritter beruhigten. Ein solcher Schwur sei alles andere als bindend. Höchstens ein böser Geist, niemals aber eine gute Fee könne so etwas von ihm verlangen. Es sei durchaus möglich, daß sich der böse Geist in ein schönes Mädchen verwandelt habe, in Wirklichkeit sinne er aber auf

nichts anderes, als den Ritter zu betrügen und ihn schließlich ins Unglück zu stürzen. Man sehe dies ja schon jetzt, wo nur wegen des unseligen Versprechens die Heirat mit der Herzogin nicht zustande komme solle. Schließlich hatten sie ihn so weit: Der Ritter kapitulierte und willigte ins Angebot des Königs ein, der ihn denn auch prompt mit seiner Cousine verlobte. Wenig später sollte auf Schloß Staufenberg glanzvoll die Hochzeit des edlen Paars gefeiert werden.

Und so kam es denn auch: Die crème de la crème des Reiches zog, die Herzogin von Kärnten im Schlepptau, gen Staufenberg, um hier in prunkvollem Rahmen das rauschende Fest der Vermählung zu begehen. Die Tische bogen sich ob der Last an Speisen und edlen Getränken, die Feier war in vollstem Gange, die Stimmung prächtig, da geschah das Grauenerregende: Ein merkwürdiges Geräusch an der Decke ließ die Hochzeitsgesellschaft nach oben blicken – und erschauern. Durch die Decke brach ein weißer Fuß, der bis zum Knie sichtbar wurde, ganz so, wie es die Fee seinerzeit prophezeit hatte. Der Ritter, dem die Drohung augenblicklich wieder in den Sinn kam, wußte sofort, was ihm nun blühen würde, voller Verzweiflung rief er aus, daß es nun um ihn geschehen sei: »Weh mir armem Mann, so hab' ich mich ins Unglück gebracht; mein Leben währt nur noch drei Tage, dann muß ich sterben!«

Die wenigen Skeptiker, die immer noch an einen üblen Scherz glaubten, eilten die Treppe hoch. In dem Raum, der über dem Festsaal lag, wollten sie den Scherzbold fassen, der den weißen Fuß von der Decke herabgelassen habe. Doch weit und breit war niemand zu sehen, und der Fußboden präsentierte sich den nun doch etwas beunruhigten Gespensterjägern absolut unversehrt. Ritter Peter, der erst gar nicht versucht hatte, an einen Ulk zu denken, fühlte sich mit einemmal furchtbar elend. Er begab sich zu Bett, rief nach einem Priester und begann, seine sämtlichen Sünden zu beichten. Nachdem dies geschehen war, bat er den Priester, ihn mit den Sterbesakramenten zu versehen; dann ließ er seine Brüder und die näheren Verwandten an sein Lager kommen, und wenig später verschied er, wie es heißt »in Reue und Andacht«. Die Herzogin von Kärnten aber zog zurück in ihre Heimat und trat in ein Nonnenkloster ein, wo sie bis ans Ende ihrer Tage blieb, genauso, wie sie es ihrem Gatten auf dem Sterbebett versprochen hatte.

Das schlimme Geschehen bewies immerhin, so widersinnig dies klingt, daß Melusine eine gute Fee war. Wer aber dachte, mit dem Tod von Ritter Peter sei das Zauberwesen vom Erdboden verschwunden, der hatte sich getäuscht. Hundert Jahre später nämlich geschah es, daß ein armer Ritter um die Hand

des schönen Fräuleins von Staufenberg anhielt. Der Vater des Mädchens, also der Burgherr von Staufenberg, fand ihn jedoch unter der Würde seiner Tochter und lehnte die Partie ab. Da er jedoch nicht den Mut hatte, dies so deutlich auszusprechen, erlaubte er sich einen grausamen Spaß: Er stellte eine unmögliche Bedingung. Der arme Ritter müsse in einer einzigen Nacht einen Weg vom Tal zur Burg anlegen, dann gehöre die Hand des Mädchens ihm. Als daraufhin der junge Rittersmann tief betrübt und ohne Hoffnung von der Burg herunterschlich, begegnete ihm Melusine. Lächelnd bot sie dem Edelmann an, ihm bei der Verwirklichung des Vorhabens zur Hand zu gehen.

Und tatsächlich: Am nächsten Morgen war das Werk vollbracht, und der über die Maßen erstaunte Burgherr mußte in die Heirat einwilligen. Die gute Fee Melusine aber hatte so nicht nur ein Wunder, sondern auch noch ein gutes Werk vollbracht. Zum Andenken daran wird der Weg zum Schloß bis heute noch Feenweg genannt.

Die weiße Frau von der Schauenburg

In der Nähe von Oberkirch lebten einst die Ritter von der Schauenburg. Von ihrer stolzen Burg ist heutzutage nur noch wenig übriggeblieben, und auch das Geschlecht derer von Schauenburg existiert schon lange nicht mehr. Und dennoch spuken sie immer noch in den Köpfen der Menschen herum, die in der Nähe des alten Gemäuers wohnen: Immerhin haben sie nämlich eine »weiße Frau« hinterlassen, die, so hört man es dann und wann von Einheimischen, bis auf den heutigen Tag hier umgeht.

Die ganze Geschichte beginnt um die Wende vom 12. zum 13. Jahrhundert mit einem Schicksalsschlag: Als nämlich die junge Frau des Burgherrn ein Mädchen zur Welt bringt – das erste Kind des Ritters von Schauenburg – stirbt sie bei der Geburt. Aus Enttäuschung und Verzweiflung über sein Schicksal war der Schauenburger völlig außer sich, bis nach einigen schlaflosen Nächten die Würfel gefallen waren. Ja, er wollte sich dem Kreuzfahrerheer anschließen, das damals gerade aufgestellt wurde, und mit seinen Gefährten zum Kampf gegen die Heiden ins gelobte Land ziehen.

Ein solches Unternehmen kam zu diesen Zeiten einer Weltreise gleich, und immer waren die Kämpfer Jahre unterwegs, ehe sie, wenn überhaupt, wieder nach Hause zurückkehrten. Seine neugeborene Tochter übergab der Ritter in die Obhut einer armen Taglöhnerfrau, der er reichlich Kostgeld gab für sein Kind. Danach zog er los.

Nun wollte es das Schicksal, daß bald darauf auch die Familie des Taglöhners in eine andere Gegend verschlagen wurde. Dort reifte die Ritterstochter im Lauf der Jahre zu einem wunderschönen Mädchen heran. Entsprechend begehrt war sie bei den Bauernburschen des Dorfes, in dem sie wohnte. Einen schließlich erwählte sie sich, und bald schon sollte Hochzeit gefeiert werden.

Doch es kam ganz anders. Nach langen Jahren in der Fremde war der Ritter nämlich wieder auf die Schauenburg zurückgekehrt und bekam nun Sehnsucht nach seinem einzigen Kind. Also ließ er Nachforschungen anstellen, wo denn seine Tochter abgeblieben sei. Kurze Zeit später war die Suche von Erfolg gekrönt: Das schöne Kind der Taglöhnerfamilie wurde gefunden und über seine wahre Herkunft, seinen Vater, seinen Reichtum aufgeklärt.

Die Jungfer war völlig verstört, denn sie hatte bis dahin nicht gewußt, daß sie nur ein Pflegekind war. Soviel jedoch war sicher: Aus dem Dorf und von ihrem Verlobten wollte sie keinesfalls weggehen.

Aber all der Prunk, all das Geld, all die schönen Kleider und die gesellschaftliche Stellung waren auf Dauer wohl doch eine zu große Verlockung, als daß das Mädchen hätte widerstehen können. Es verließ die Pflegeeltern, löste sein Hochzeitsversprechen und begab sich in die Obhut seines Vaters, des Ritters von der Schauenburg. Der todunglückliche Bauernbursche jedoch war so verzweifelt, daß er seinem Leben ein Ende setzte.

Es dauerte nicht lange, da fand die Ritterstochter in einem reichen Vetter auch schon einen neuen Verehrer, dem das schöne Mägdelein das Ja-Wort gab, und kurz darauf wurde auf der Schauenburg die prunkvolle Hochzeit gefeiert. Punkt Mitternacht jedoch geschah das Unerwartete, das Schreckliche: Wie vom Blitz getroffen, sank die Braut plötzlich in sich zusammen, unfähig, auch nur einen Laut von sich zu geben; einmal noch rang sie nach Luft und starb dann in den Armen ihres entsetzten Bräutigams.

Wie ein Lauffeuer sprach sich das tragische Ereignis in den Dörfern herum, die rund um die Schauenburg lagen. Die Treulosigkeit des Mädchens dem armen Bauernbuben gegenüber, die ihn zum Äußersten veranlaßt hatte, war der Grund für den plötzlichen Tod – das war jedem klar. Doch nicht nur das: Um ihr Vergehen zu sühnen, muß die Maid seitdem als weiße Frau umgehen. Alle sieben Jahre ist sie bei dem Schatz zu sehen, der auf der Schauenburg vergraben liegt, weil sie ja dem Geld den Vorzug vor der Liebe gab. Und alle siebenmal sieben Jahre – in anderen Quellen heißt es: alle fünfzig Jahre – erscheint sie unten am Fuß des Burgberges, wo einst die alte Mühle stand. Und zwar so lange, bis sie endlich einen Menschen gefunden hat, der sie erlösen kann und will. Der Bach, an dessen Ufer sie in der Nacht zu sehen ist, heißt seit ihrem ersten Auftauchen dort das Feenbächle.

Und so manches Mal im Lauf der Jahrhunderte hat man sie tatsächlich gesehen, die weiße Frau, die Ritterstochter. Ein Hirtenknabe saß eines Tages unterhalb der Burg im Gras, als vom Berg herab die große weiße Gestalt schwebte, Blumen im Haar, in einem hellen Kleid, das von einem goldenen Gürtel gehalten wurde. Der Knabe begann, am ganzen Leib zu zittern, und der kalte Schweiß trat ihm auf die Stirn. Mit trauriger Miene näherte sich die gespenstische Erscheinung dem Burschen und streckte ihm schließlich einen zierlichen Schuh entgegen, den sie sich gerade eben ausgezogen hatte.

Der junge Hirte wußte nicht, wie ihm geschah, und auch den bittenden Gesichtsausdruck konnte er nicht deuten, nur soviel war klar: Es mußte sich bei der stummen Erscheinung um die verwünschte Tochter des Ritters von der Schauenburg handeln, von der die Leute immer wieder erzählten. Wem sie erscheine, so sagte man, der müsse ihr eine stumme Bitte erfüllen, die ihr die Erlösung bringe und dem Retter fortan Glück und Reichtum. Doch wehe dem, der die Bitte nicht erraten könne, jener Unglückliche nämlich müsse innerhalb von drei Tagen sterben.

Kaum war dem Hirtenbuben diese Geschichte in den Sinn gekommen, da löste er sich auch schon aus seiner Erstarrung und sprang, wie von einem Ungeheuer gejagt, schreiend in Richtung Dorf, die unheimliche weiße Erscheinung genauso hinter sich zurücklassend wie den Schuh, den sie ihm mit dieser merkwürdig bittenden Mimik gereicht hatte. Und dabei wäre es so einfach gewesen: Hätte er mit dem Schuh Wasser geschöpft und ihn dann der Geistergestalt dargeboten, er wäre auf ewige Zeiten glücklich und die weiße Frau erlöst gewesen.

So aber fieberte der Junge schon, als er endlich zu Hause eintraf. Kein Medikament, kein Arzt und kein Hausmittel konnten ihm helfen, sein Fieber wurde immer stärker, und in seinen wirren Fieberphantasien murmelte er immer wieder etwas von der weißen Frau von der Schauenburg. Nach drei Tagen, so wie es die Erzählungen voraussagten, war das Hirtenbüblein tot.

Siebenmal sieben Jahre später, so heißt es, gab es wieder eine Begegnung zwischen einem lebendigen Menschen und der Gespenstergestalt: Diesmal war's ein junger Jäger, der am Fuß des Burgberges gerade am Feenbach angekommen war, als er wenige Meter vor sich eine wunderschöne weiße Gestalt auf sich zukommen sah, die ihn ernst anblickte. In welche Richtung es denn nach Oberkirch gehe, fragt sie den Jäger, der ihr daraufhin den Weg beschrieb. Artig bedankte sich die wundersame weiße Gestalt und überreichte dem Waidmann sogar noch ein Geldstück für die freundliche Auskunft, dann verschwand sie zwischen den Bäumen. Merkwürdig berührt, betrachtete der Jäger die Münze, eine Währung, die schon lange nicht mehr in Gebrauch war.

Kopfschüttelnd ging er weiter und begegnete kurz darauf einigen Holzfällern, an denen die weiße Frau eigentlich hätte vorbeigekommen sein müssen. Doch diese, auf die rätselhafte Gestalt angesprochen, schüttelten nur den Kopf: Nein, sie hätten nichts und niemanden gesehen. Da dämmerte es einem alten Mann unter den Forstleuten, wer das wohl gewesen sein könnte, und er klärte den Jäger auf. Nun wollte dieser das Geldstück vorzeigen, das ihm die weiße Frau überreicht hatte, doch es war verschwunden – und das, obwohl seine Hosentasche nirgendwo ein Loch aufwies.

Den tapferen Jägersmann packte das kalte Grausen, und er eilte, so schnell er nur konnte, nach Hause ins Bett, um auf sein klägliches Ende zu warte. Doch die drei Tage gingen vorbei und nochmals drei und wieder drei und nichts geschah. Nun, er hatte der seltsamen Erscheinung ja eigentlich den richtigen Weg gewiesen. Aber dies war kein stummer Wunsch gewesen, und glücklich war er keineswegs. Ob es vielleicht gar ein zwei-

tes Gespenst von der Schauenburg gab, dem man ohne Todesgefahr begegnen konnte?

Die weiße Frau jedenfalls war offensichtlich noch immer nicht erlöst, wie die nächste Episode zeigt, als sie, wieder siebenmal sieben Jahre später, einem Knecht aus dem Dorf Gaisbach begegnete. Auch ihn bat sie mit eindringlichem Blick, ihr im Schuh einen Schluck Wasser zu bringen, und der Knecht, ein unerschrockener Zeitgenosse, tat wie ihm geheißen. Brav schöpfte er das Wasser und begab sich mit dem gefüllten Schuh zurück zu der weißen Frau, in der Hoffnung, den verheißenen Lohn zu kassieren. Doch kurz vor dem Ziel stolperte er, fiel hin und verschüttete das Wasser. Schlagartig krochen nun giftige Schlangen und ekelhafte Kröten aus dem Schuh, und die weiße Frau begann furchtbar zu jammern. Wegen dieses Tölpels müsse sie weiterhin umgehen, viele Jahre, bis sie sich wieder zeigen könne und dann vielleicht die ewige Ruhe finde. Darauf verschwand sie. Dem ungeschickten Knecht aber geschah weiter kein Leid, denn eigentlich hatte er ja den Wunsch, wenn schon nicht erfüllt, so zumindest verstanden, reich und glücklich ist er andererseits aber auch nicht geworden.

Wie bereits erwähnt, ist die weiße Frau nicht nur unten am Bach, sondern auch bei dem Schatz zu sehen, der unter dem Schloß Schauenburg vergraben liegt. Hier zeigt sie sich sogar alle sieben Jahre.

Vor langer Zeit war es wieder einmal soweit, gerade in dem Augenblick, als ein Schweinehirt barfuß mit einem Büschel Brennholz an dem alten Gemäuer vorüberging. Er wurde von einer seltsamen weißen Gestalt angerufen und gebeten, aus dem nahen Brunnen einen Schluck Wasser für sie zu holen, was für sie die Erlösung und für ihn aus lauter Dank riesigen Reichtum bedeuten werde.

Doch der etwas einfältige Schweinehirt verwies darauf, daß er kein Gefäß zum Wasserschöpfen bei sich habe. Da befahl ihm die merkwürdige Erscheinung, ihren Schuh auszuziehen und diesen dann zum Schöpfen zu benutzen. Doch da sah der Hirt einen großen schwarzen Fleck auf der Brust der Frau, was ihm mit einemmal verdächtig vorkam, und er weigerte sich, die Anweisung zu befolgen.

Mit furchtbarem Krachen und Fluchen entfernte sich darauf die weiße Gestalt, der Schweinehirt aber sah sich mir nichts dir nichts wie von Geisterhand emporgehoben und auf eine hohe Tanne gesetzt, deren Gipfel gespalten worden war. Bei der kleinsten Bewegung schwankte der Baum dermaßen, daß er herunterzufallen drohte, was seinen sicheren Tod bedeutet hätte. Erst am nächsten Morgen hörten Holzfäller das Geschrei des Burschen und befreiten den völlig verdatterten Schweinehirten aus seiner unbequemen luftigen Lage.

Die weiße Frau von der Schauenburg aber scheint noch immer nicht erlöst worden zu sein, zumindest hat man bis auf den heutigen Tag nichts dergleichen gehört. Wer also in dieser Gegend spazierengeht, der wappne sich innerlich, vielleicht eines Tages einer weiß gekleideten Gestalt zu begegnen, die nichts weiter im Sinn hat, als einen Schluck Wasser aus ihrem Schuh zu erhalten, um endlich von ihrem Fluch erlöst zu werden, irgendwann einmal ...

Die Mummeln vom Mummelsee

In der Todesstunde Christi sei er über die Ufer getreten und habe die ganze Gegend unter Wasser gesetzt, der Lacus Mirabilis, der Wundersee, wie man ihn früher genannt hat. Sein heutiger Name, Mummelsee, rühre von den wunderschönen Seerosen her, den sogenannten Mummeln, die sich an seiner Oberfläche entfalten, erzählen die Leute, die sich mit dem hochgelegenen Gewässer im Schwarzwald beschäftigen.

Es ist ein interessanter See, über den dementsprechend viele, zumeist geheimnisvolle Geschichten in Umlauf sind, denn er übt auf den Besucher einen eigenartigen Reiz aus, vor allem frühmorgens und am Abend, wenn sich in der Dämmerung Nebelschleier über das Wasser legen. Mit ein bißchen Phantasie kann man sich da schon vorstellen, daß vielleicht bis heute Drachen, Wassernixen, ein Seekönig und sogar der Teufel persönlich den Grund des Sees bevölkern. Kein Wunder, daß die Forellen, die ein Erzherzog von Österreich höchstpersönlich dort ausgesetzt hat, nur eine Stunde später schon mit dem Bauch nach oben in den Wellen dümpelten.

Ein anderes gekröntes Haupt, der Herzog von Württemberg, wollte einmal die Tiefe des Sees, der als unergründlich galt, messen lassen. Der Lohn für die frevelhafte Tat: Die Besatzung des Meßfloßes fiel ins Wasser und wäre beinahe ertrunken.

Wenig später suchte der Markgraf von Baden, auf dessen Territorium der Mummelsee lag, zusammen mit einigen Geistlichen das Gewässer auf, um den bösen Zauber zu bannen. Geweihte Eicheln und heilige Gegenstände habe man zu diesem Zweck ins Wasser geworfen, berichtet der Jesuit Athanasius Kircher in seiner Chronik. Darauf sei ein »schauriges Ungetüm von noch nie gesehener Gestalt« aus dem Wasser geschossen, und die fromme Gesellschaft sei in panischem Entsetzen

davongejagt. Sieben Tage lang habe anschließend ein furchtbares Gewitter um den See herum getobt, wie überhaupt jedesmal ein Donnerwetter losgebrochen sei, wenn ein Besucher auch nur einen Stein ins Wasser geworfen habe.

Selbst zwei fromme Jesuitenpater, die einige Jahre später beweisen wollten, daß solche Geschichten nichts als abergläubischen Unsinn darstellten, fanden sich am Mummelsee am Ende ihres Lateins wieder. Tapfer warfen sie einen Stein nach dem anderen ins Wasser, und schon schienen sie den Beweis für die Richtigkeit ihrer Theorie erbracht zu haben, da zog mit einem Schlag dichter Nebel auf; ein Sturm brach los – und die beiden Patres gaben so schnell wie irgend möglich Fersengeld. Von nun an waren sie bekehrt und verbreiteten, der Teufel selbst müsse in diesem unheimlichen See hausen.

Einst soll sich hier auch eine gar traurige Geschichte zugetragen zu haben: Tief unten auf dem Grund des – wie wir nun wissen – unergründlichen Sees hauste der Seekönig. Auf einem goldenen Thron saß er, mit goldener Krone auf dem Haupt, mit silberweißem, wallendem Bart, ein respekteinflößender, strenger Herrscher über die versammelten Seejungfrauen, die

Mümmlein, die es gewohnt waren, dem Gebieter aufs Wort zu gehorchen und fleißig die ihnen aufgetragenen Arbeiten zu verrichten, also beispielsweise den Goldschatz zu polieren.

Wenn sie ihre Arbeit getan hatten und rund um den See die Dunkelheit hereingebrochen war, gestattete der gestrenge Gebieter seinen Mümmlein freilich, an die Oberfläche emporzuschwimmen und den Menschen in den umliegenden Ortschaften einen Besuch abzustatten. Das taten die Seejungfrauen für ihr Leben gern, vor allem an Winterabenden, wenn die Menschen zum Spinnen, Nähen und Erzählen in den Lichtstuben zusammenkamen, die jungen Burschen den schönen Mägdelein verstohlene Blicke zuwarfen, kurzum, wenn's richtig heimelig war, viel schöner und gemütlicher als beim griesgrämigen Seekönig. Pünktlich um elf Uhr aber war regelmäßig Zapfenstreich, denn vor Mitternacht hatten die Seejungfrauen wieder zurück zu sein, sonst drohte eine fürchterliche Strafe. Den Rückweg zum See traten sie immer allein an; wenn auch nur einer der jungen Burschen ihnen folgen würde, dann, so sprachen die Mümmlein, käme keine von ihnen je wieder zu Besuch.

So ging es Abend um Abend, und wieder einmal saß man gemütlich beisammen, als die Wanduhr elf schlug. Schnell erhoben sich die drei Seejungfrauen, die dieses Mal zu Besuch waren, und verabschiedeten sich. Kaum waren sie jedoch aus dem Haus getreten, hörten sie den Ruf des Nachtwächters: »Hört, ihr Leut', und laßt euch sagen, uns're Glock' hat zwölf geschlagen ...«! Einer der Bauernburschen hatte nämlich, um die Anwesenheit der schönen Nixen länger als sonst genießen zu können, die Uhr in der Stube eine Stunde zurückgestellt.

Leichenblaß seien sie nun geworden, die Elfen, und in panischer Angst zurückgehetzt. Ein dumpfes Grollen und Brodeln vernahm man in dieser Nacht vom See her, und am anderen Morgen trieben auf dem Wasser vor den Augen der entsetzten Betrachter drei große, rote Blutlachen.

Seit dieser Zeit hat kein Mensch jemals mehr eines der Mümmlein wiedergesehen. Nur ab und an vernimmt man in düsteren Nebelnächten leise Klagegeräusche über dem schwarzen Wasser des Sees, auf dessen Grund die Mümmlein hausen.

Die Geisterhochzeit von Lauf

Eine grauenhafte Begebenheit hat sich einst in den Mauern der Burg Lauf zwischen Achern und Bühl zugetragen. Die Ursprünge dieses Ereignisses reichen zurück in die Zeit des letzten Ritters von Windeck, in dessen Besitz sich die alte Burg Lauf befand. Dieser Freiherr von Windeck hatte eine einzige Tochter, Agnes mit Namen, ein offenbar recht ansehnliches Fräulein, das mühelos in der Lage war, das Blut eines jeden Ritters in Wallung zu bringen. Bald schon starb der Vater, so daß das Mädchen im heiratsfähigen Alter nicht nur besonders hübsch, sondern auch besonders reich allein auf der Burg sein Dasein fristete.

Die Jünglinge der Umgebung versuchten nun natürlich, die Chance zu ergreifen, und so machte einer nach dem anderen der edlen Agnes den Hof. Mit schöner Regelmäßigkeit ermunterte das Burgfräulein die Ritter, gab vor, ihr Begehren stoße auf Gegenliebe, und machte ihnen Hoffnungen. Doch kaum hatte sie den Ärmsten den Kopf verdreht, da beendete sie jedesmal die Liaison wie aus heiterem Himmel. Dieses grausame Spiel scheint jahrelang so gegangen zu sein, bis im weiten Umkreis keiner mehr zu finden war, dessen Herz die schnöde Jungfrau nicht grausam gebrochen hätte.

Doch, wie gesagt, die Jahre gingen ins Land, und irgendwann bemerkte die kaltherzige Herrin von Lauf beim Blick in den Spiegel, daß sich die ersten Falten in ihren bisher makellosen Teint eingeschlichen hatten. Gleichzeitig wurde ihr bewußt, daß die Zahl der Verehrer rapide zurückgegangen war. Nun suchte sie in ihrer nächsten Umgebung ein Opfer und fand dies unschwer in ihrem treuen Diener Konrad. Obwohl er die ständigen Affären und ihren Ausgang über Jahre hinweg verfolgt hatte, war dieser Konrad ein heimlicher Bewunderer seiner Gebieterin. Wegen des gewaltigen Standesunterschiedes hatte er andererseits nie gewagt, ernsthaft an eine Verbindung mit der Herrin zu denken. Das hätte, soviel war dem Diener klar, auf keinen Fall gutgehen können, und so hatte er zwangsläufig sein Verlangen gezügelt und seinen Seelenfrieden behalten.

Doch nun war es Agnes selbst, die ihn lockte – erst mit einem nur angedeuteten Lächeln, dann mit einem längeren Blick und schließlich so eindeutig, daß es um den Armen geschehen war. Die jahrelang zurückgehaltenen Gefühle brachen sich Bahn; Konrad war der Angebeteten nunmehr gänzlich ausgeliefert und bekannte sich schließlich leidenschaftlich zu seiner Liebe.

Die Burgherrin hörte ihn an und durch ihren Gesichtsausdruck bestärkte sie ihn sogar in seinem Liebesschwur. Doch kaum hatte Konrad seinen Wortschwall beendet, da folgte die grausame Wendung. Mit schneidender Stimme schmähte Agnes ihren Diener, goß Kübel voll Schmutz über ihn aus und trat den Ärmsten höhnisch mit Füßen. Schließlich wies sie ihn unter Androhung schwerster Strafen für alle Zeiten von der Burg.

Konrad, für den von einer Minute zur anderen eine Welt zusammengebrochen war, schlich niedergeschmettert davon. Lange irrte er ziellos umher, bis er zur Hütte seiner Mutter fand. Der alten Dame schüttete er schließlich auch sein Herz aus. Kein Trost schien zu wirken, und spät am Abend ging die Greisin bekümmert zu Bett, wohl wissend, daß ihr tief gedemütigter Sohn in dieser Nacht keine Ruhe finden werde.

Am nächsten Morgen war Konrad verschwunden, und erst nach Tagen fand man ihn: In seiner Verzweiflung hatte er sich von einem Felsen gestürzt.

Nun gab es für die Mutter kein Halten mehr: Voller Ingrimm eilte sie zum Schloß, und als sie die kaltherzige Burgherrin endlich gefunden hatte, war sie entschlossen, Böses mit Bösem zu vergelten. Agnes, die in diesem Moment wohl zum erstenmal in ihrem Leben wirklich in Angst geriet, starrte auf die Furie, während diese alle schlimmen Geister beschwor und das sadistische Frauenzimmer in Ewigkeit verdammte. Ohne

Gemahl solle sie sterben, die letzte ihres Geschlechts werde sie sein, bald schon an einer schlimmen Krankheit zugrundegehen, ohne daß sich jemand zur Pflege finden werde. Ja, auf ewige Zeiten solle ihr Geist hier oben umgehen müssen, auch dann noch, wenn die Burg längst zu Staub zerfallen sei – so lange, bis sich ein edler Jüngling finde, der im Herzen so rein sei wie der tote Konrad, sich von der Schönheit blenden lasse und ihr vor dem Altar die Hand reiche. In jeder Nacht aber, Schlag zwölf Uhr bis zum Hahnenschrei, solle sie bis dahin umgehen, ruhelos, unglücklich, ohne Aussicht auf Erlösung.

Der schreckliche Fluch verfehlte seine Wirkung nicht. Bei allem Tun und Treiben konnte die Freifrau die Erinnerung an die verzweifelte Mutter und ihre Drohung nicht wegwischen, und wenige Wochen später schon erkrankte sie tatsächlich an den Pocken. Einsam und verlassen, wie ihr prophezeit worden war, überdies mit entstelltem Gesicht, starb sie schließlich als letzte derer von Windeck, und kein Mensch weinte ihr eine Träne nach.

Bald schon begann die Burg zu zerfallen, denn niemand hatte die Absicht, in dem alten Kasten zu wohnen, in dem es seit Agnes' Tod zu spuken begonnen hatte. Immer wieder wurde von umheimlichen Phänomenen berichtet, die in dem leerstehenden Schloß beobachtet worden waren: Türen schlugen, wie von Geisterhand bewegt, plötzlich zu, Kerzen entzündeten sich selbst, und auf den fast schon blinden Spiegeln blitzte manchmal das leichenhafte Antlitz der toten Burgherrin auf!

Immer deutlicher zeigten sich im Lauf der Jahre die Spuren des Zerfalls, doch noch immer war niemand bereit, das Schloß instandzusetzen. Indes verirrte sich in einer finsteren Nacht ein junger Ritter aus Thurgau auf seinem Weg nach Flandern, und als er sich schon beinahe damit abgefunden hatte, die Nacht im Wald verbringen zu müssen, erblickte er mit einemmal das immer noch stattliche Schloß, in dessen sämtlichen Fenstern Licht zu sehen war. Das kam dem feschen jungen Rittersmann gerade recht – ein schönes Schloß, in dem ganz offensichtlich ein Fest gefeiert wurde – und so gab er seinem Pferd die Sporen. Merkwürdig schien ihm freilich, daß nirgendwo Lärm zu hören war, keine Wache am Tor stand und auch im Schloß keine Menschenseele zu finden war. Doch unverzagt schritt er weiter, bis sich vor ihm die Tür des prächtigen Speisesaals öffnete und der Blick auf einen mit den köstlichsten Speisen und Getränken vollbeladenen Tisch fiel, an dem ein wunderschönes, wenngleich auch etwas blasses schwarzhaariges Fräulein saß. Zwar schien sie dem Ritter etwas altmodisch gekleidet, aber das konnte ja auch die Tracht der Gegend sein. Jedenfalls ging von dem Mädchen eine geradezu magische Anziehungskraft aus. Formvollendet bat er um Aufnahme und Gastfreundschaft, was ihm mit einer einladenden Geste auch gewährt wurde.

Der junge Ritter ließ sich nicht zweimal bitten, setzte sich an den Tisch und begann ein üppiges Mahl. Es war ein Essen erster Güte, und auch der Wein war vom Feinsten, so daß der nächtliche Besucher schließlich rundum mit sich und der Welt zufrieden war. Der Wein freilich begann, seine Zunge zu lösen, und so zog er die bis dahin schweigsame Gastgeberin in ein zunächst belangloses Gespräch. Wer sie denn sei, und weshalb sie da so allein in dem prächtigen Schloß sitze, wollte er wissen, worauf ihm das Mädchen Antwort gab: Sie sei Agnes von Windeck, die letzte ihres Geschlechts und deshalb einsam. Der Ritter kombinierte rasch. Das Mädchen war hübsch, mutterseelenallein und angesichts des stolzen Schlosses wohl eine gute Partie, weshalb sollte er es da, beflügelt vom Alkohol, nicht einmal wagen, um die Hand der edlen Dame anzuhalten? – Kaum hatte er den Antrag formuliert, da blitzte es auch schon aus den Augen der blassen Gestalt. Sie nehme den Antrag an, jedoch nur unter der Bedingung, daß die Trauung auf der Stelle vollzogen werde. Nun war der junge Freier zwar in gehobener Stimmung, aber das ging ihm doch etwas zu rasch. Andererseits: Wenn schon,

denn schon – weshalb also sollte man nicht gleich Nägel mit Köpfen machen?

So trat die rätselhafte Agnes zu einem Schrank, entnahm diesem einen Schleier und zwei Ringe und bedeutete dem Verlobten, ihr zu folgen. Sie kamen in die Burgkapelle. Gerade hatten sie sich auf den Stühlen niedergelassen, die vor dem Altar standen, da ereignete sich etwas, das den jungen Ritter bis ins Mark erschauern ließ. Zwei alte Männer traten mit einemmal herzu, wie wenn sie hinter den steinernen Grabplatten in der Wand gewartet hätten. Dann erhob sich die Gestalt eines Bischofs, die eben noch grau und kalt den Deckel eines Steinsarkophags geschmückt hatte, und begann, in vollem Ornat, als sei die nächtliche Szene eine Selbstverständlichkeit, mit der Trauzeremonie.

Entschlossen nahm die Braut den Bräutigam nun an die Hand, der faßte neuen Mut und trat vor. Der Bischof stellte die Frage, ob es dem Ritter ernst sei und er das Fräulein von Windeck zu ehelichen gedenke, worauf er mit seinem »Ja« die entsprechende Antwort zu geben gedachte – da kam ihm vor diesem folgenschweren Schritt noch einmal die gespenstische Szenerie vor Augen, und anstelle des Jaworts brachte er nur ein entsetztes »Herr, mein Gott!« über die Lippen.

Im selben Moment krähte ein Hahn, und mit einemmal zog Modergeruch durch die Kapelle, Eulen schwirrten durch die Luft, das schöne Mädchen verwandelte sich in ein klapperndes Skelett, der Bischof und die beiden Trauzeugen stiegen zurück in ihre Gräber, die Lichter erloschen. Das war selbst für den starken Rittersmann zuviel des Grauenhaften ... Ihm schwanden die Sinne.

Als er schließlich wie aus langer, schwerer Krankheit erwachte, lag er auf einer Wiese vor dem halb zerfallenen Schloß. Schnell machte er sich auf den Weg, den Ort des nächtlichen Alptraums für immer meidend.

Der Großspuk von Burg Alt-Eberstein

Auf der Burg Alt-Eberstein bei Baden-Baden spukt es mordsmäßig. Mehrere Geschichten über ganz unterschiedliche Geistererscheinungen in der Burg und um sie herum halten sich hartnäckig. Seit Jahrhunderten scheint es auf diesem Fleckchen Erde einfach nicht mit rechten Dingen zuzugehen. Ob die Bewohner des an der Ruine liegenden Dorfes Ebersteinburg eine besonders lebhafte Phantasie besitzen oder ob sich hier tatsächlich eine Art Drehscheibe für Phänomene der anderen Art festmachen läßt – wer kann das wissen?

In finsteren Nächten, so erzählt man sich im Dorf, erscheint ab und an eine schneeweiße Frau auf der Burg. Ihrem Erscheinen wird aber weiter keine Bedeutung zugemessen; zumindest konnte man sie noch nie mit wie auch immer gearteten Phänomenen in Verbindung bringen.

Stein und Bein schwor einer der Dorfbewohner, nächtens ein merkwürdiges Krachen und Geräusche von zusammenbrechenden Mauern gehört zu haben, die vom alten Schloß her zu kommen schienen. Am nächsten Morgen jedoch stand noch jeder Stein genauso auf dem anderen wie am Abend zuvor, und der Ursprung des Lärms konnte nie aufgeklärt werden.

Eine Wiese beim Schloß diente eine Zeitlang als Ochsenweide. Eines Tages jedoch passierte Seltsames: Schlag zwölf Uhr mittags raste die ganze Herde mit einemmal auf und davon wie von der Tarantel gestochen. Der Bauer, dem die Rindviecher gehörten, war zufälligerweise gerade auf dem Weg zu der Weide, als das Vorkommnis geschah. Die Ochsen aufzuhalten gelang ihm nicht – die Tiere liefen mit einem Höllentempo in ihren Stall, wo sie sich in der hintersten Ecke zusammenkauerten. Schon dies war dem Bauer nicht geheuer, dennoch nahm er seinen Mut zusammen und sah nach, was die Tiere so erschreckt haben könnte. Auf der Weide fand er weder die erwähnte Wolfsspinne noch Schlangen oder giftiges Gewürm. Von der Ruine jedoch erhob sich ein großer Rabe, umkreiste ihn dreimal und krächzte dabei, als ob er sich vor Lachen ausschüttete. Da wurde es dem standhaften Bauern doch etwas mulmig zumute, er tat es seinen Vierbeinern nach und ergriff das Hasenpanier. Seitdem führten die Bewohner des Dorfes ihr Vieh auf andere Weiden.

Eine Ziegenhirtin ließ ihre Geißen einmal mitten im ehemaligen Schloßhof von Alt-Eberstein weiden. Dabei entdeckte sie einen Haufen rostiger Nägel. Aus welchem Grund auch immer kam sie auf den Gedanken, einen dieser Nägel einzustecken. Im Lauf des Tages vergaß sie ihn; erst abends zog sie ihn zu Hause wieder hervor. Und siehe: Aus dem rostigen eisernen Nagel war ein funkelnder goldener geworden. Sofort erinnerte sie sich wieder daran, daß da im Schloßhof ja nicht nur ein einziger Nagel gelegen hatte, sondern ein ganzer Haufen, also beschloß die Ziegenhirtin, auch den Rest des Schatzes zu bergen und machte sich wieder auf in Richtung Alt-Eberstein. Dort jedoch war weit und breit kein einziger Nagel mehr zu finden, sosehr die Frau auch suchte.

Lange hielten sich auch Gerüchte, unter der Ruine sei ein Schatz vergraben. Schließlich taten sich einige Männer aus dem Dorf zusammen, um der Sache auf den Grund zu gehen. 15 Nächte lang – denn Schätze hebt man ja vorzugsweise in der Dunkelheit – gruben sie auf der Burg, dann endlich stießen ihre Spaten auf eine Kiste. Sie waren am Ziel! Doch just in diesem Augenblick kam eine merkwürdige Gestalt auf einem Ziegenbock dahergeritten, worauf einer der Männer rief: »Da, schaut mal, da kommt einer auf einem Geißbock!« Offenbar hatte der Unglückliche nicht das kleine Einmaleins des Schatzhebens verinnerlicht, das ja deutlich vorgibt, man solle tunlichst leise sein, wenn man fündig werden will. Der laute Ruf war also ein Fehler; der Schatz verschwand, der Geißbock samt seinem merkwürdigen Reiter ebenso und die verhinderten Schatzgräber mußten unverrichteter Dinge wieder nach Hause gehen.

Auch die letzte Begebenheit kann nicht klären, ob es sich bei den zahlreichen Schatzgeschichten, die sich um Alt-Eberstein ranken, um Juxe handelt oder nicht. Klar ist nur, daß sich die Gerüchte darüber hartnäckig gehalten haben. Klar ist auch, daß so manchem Zeitgenossen die goldene Hinterlassenschaft derer von Eberstein nicht mehr aus dem Kopf gehen wollte. Einer der Dorfbewohner träumte jedenfalls gleich drei Nächte hintereinander von nichts anderem als besagtem Schatz. Jedesmal ging er dabei in der Burg an eine ganz bestimmte Stelle und klopfte dort an die Wand. Daraufhin tat sich die Mauer auf und gab den sagenhaften Schatz preis.

Mit einem guten Freund beriet sich unser Ebersteinburger, ein Mann namens Haas, über den wundersamen Traum. Eigentlich hatte er ja nichts zu verlieren, warum also sollte er die Sache nicht einfach ausprobieren? Gesagt – getan. Haas ging zur Burg, fand tatsächlich die Stelle, die er im Traum gesehen hatte, klopfte an die Wand, und siehe da: Sie tat sich auf und gab den Blick auf ein Gewölbe frei, in dem drei große Kisten lagerten. Unglückseligerweise jedoch hockte auf jeder von ihnen ein großer, furchteinflößender, schwarzer Hund, und deshalb machte sich Schatzgräber Haas nicht ans Bergen der Kisten, sondern vielmehr auf die Socken zurück ins Dorf.

Tags darauf erzählte er seinem Freund von dem unheimlichen Erlebnis, worauf der die Hände überm Kopf zusammenschlug und als offensichtlicher Experte in Sachen Schatzbergung meinte, ein Wink hätte genügt und die Kisten wären von den Hunden freigegeben worden. So ging Haas, mit neuem Mut versehen, wieder auf Alt-Eberstein und klopfte an dieselbe Stelle wie zuvor. Doch die Wand wich keinen Millimeter und der Schatzsucher schlich genauso arm ins Dorf zurück, wie er gekommen war.

Die weiße Jungfrau vom Durlacher Turmberg

Der Turmberg bei Durlach, in unmittelbarer Nähe der ehemaligen badischen Residenz Karlsruhe, gilt schon seit alters her als gespenstischer Ort. Nicht nur, daß dort einmal Riesen gehaust haben sollen – nein, in längst vergangenen Zeiten habe hier, so heißt es, ein Seeräuberschloß gestanden, dessen Bewohner Angst und Schrecken in der ganzen Umgebung hervorgerufen hätten!

Damals nämlich sei der Wasserstand des Rheins noch sehr viel höher gewesen als heutzutage, und nur der Gipfel des Turmbergs habe so weit aus dem Wasser geragt, daß darauf ein Turm habe gebaut werden können. Nach dem gottlosen Pack, das ihn errichten ließ, nannte man den Luginsland Heidenturm, und so heißt er noch heute. In seine Grundmauern seien große Eisenringe eingelassen worden, an denen die Seeräuber ihre Schiffe vertäuten. Fünf Geheimgänge hatten die Seeräuber als Fluchtmöglichkeiten anlegen lassen. Der fünfte führte direkt in den Speisesaal des Durlacher Schlosses, und er war von so gewaltigen Ausmaßen, daß man mit einer sechsspännigen Kutsche hindurchfahren konnte.

Erst die Truppen des Kaisers konnten die allzu wilden Umtriebe der Seeräuber beenden. Der Anführer der Räuber wurde in Ketten geschmiedet. Ihm drohte die Todesstrafe, der er verständlicherweise mit allen Mitteln zu entgehen versuchte. So kam es, daß er seinen Richtern das Versprechen abrang, am Leben bleiben zu dürfen, falls er es schaffe, das Rheintal trokkenzulegen. Wenig später machte er sich, so berichtet die Legende, mit Hilfe eines Floßes an die Arbeit. Ein Dreivierteljahr lang meißelte er sich mühsam durch die Felswand, die bei Bingen das Tal versperrte und den Rhein zu einem See aufstaute. Kaum hatte er den Durchbruch geschafft, da ergoß sich

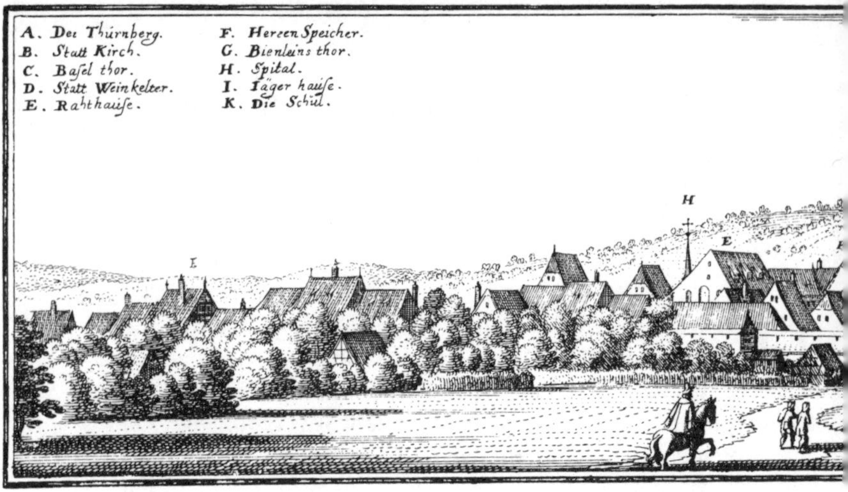

das Wasser in einem solchen Schwall durch den Kanal, daß es den Seeräuberhäuptling mit sich riß und dieser elendiglich ertrank.

Der alte Heidenturm wurde tief in den Berg hinein gegründet. In seinem Fundament haben die Seeräuber ihren Schatz versteckt, und seit der Anführer den nassen Tod sterben mußte, wird das Geschmeide von einem reizenden Pärchen bewacht: von einer weißen Jungfrau mit einem schwarzen Hund. Die gespenstische Maid, so munkelt man, sei die unerlöste Seeräuberbraut, die die Mannen zu vielen Missetaten angestiftet habe und die beim Kampf mit den kaiserlichen Truppen ums Leben kam.

Jene Jungfrau zeigte sich eines schönen Tages einem unschuldigen Jüngling, der nichtsahnend in der Mittagssonne vor dem Turm Rast machte. Wenn er sie erlöse, so versprach sie ihm, könne er an den Schatz im Turmberg gelangen. Er brauche nur an drei Mittagen hintereinander zwischen elf und zwölf Uhr zum Heidenturm zu kommen und dürfe sich durch die merkwürdigen Erscheinungen, die ihm dann über den Weg liefen, nicht abschrecken lassen, im Gegenteil: Er müsse sie küssen, und schon sei der Schatz gewonnen.

Am ersten Tag zwischen elf und zwölf begegnete dem Jüngling ein Frosch, den der Unerschrockene mit Inbrunst küßte, jedoch ohne daß eine Prinzessin zum Vorschein gekommen

wäre. Am nächsten Tag hatte er es mit einer Schlange zu tun, die er, seine Abscheu tapfer überwindend, ebenfalls küßte, ohne daß ihm etwas Böses widerfuhr.

Dann der dritte Tag: Mit furchtbarem Getöse und schrecklicher Grimasse kam ein feuerspeiender Drache auf den erschreckten Knaben zu, der es nunmehr vorzog, lieber das Weite zu suchen als sich den Mund am Drachen zu verbrennen. Kaum hatte er Fersengeld gegeben, da hörte er in der Ferne die klagende Stimme der Jungfrau, nun müsse sie wieder ein Menschenalter warten, bis sich die nächste Gelegenheit biete, endlich ihren Seelenfrieden zu finden.

Nach langen, langen Jahren endlich konnte sie sich erneut zeigen – diesmal einem Geißhirten, der auf der Wiese beim Turm die Ziegen weidete. Wiederum war es zwischen elf und zwölf Uhr, doch diesmal hatte die weiße Gestalt einen etwas anderen Wunsch. In der einen Hand hielt die Jungfrau einen Stab aus Gold, in der anderen den Schlüssel zum Kellergewölbe des Heidenturms. Der Hirte möge doch auf der Stelle, bat sie, zum Rat der Stadt Durlach eilen, diesem den Schlüssel überreichen und einen der Ratsherren samt Schlüssel zur Burg heraufbitten, damit dieser dann unter ihrer Anleitung den sagenhaften Schatz für die Bürger der Stadt hebe. Gelinge dies in kurzer Zeit, so sei sie samt all ihrer im Gewölbe schmachtenden Leidensgenossen für alle Zeiten erlöst. Doch der genauso pflichtbewußte wie verdatterte Geißhirt weigerte sich standhaft, seine Herde zu verlassen, auch dann noch, als die Jungfrau sich erbot, so lange eben selbst für die Aufsicht über die Ziegen zu sorgen. So zog sich die Verhandlung in die Länge, es schlug zwölf Uhr, worauf die Jungfrau in den Turm zurück verschwand, nicht ohne den jammervollen Hinweis, daß sie nun lange nicht mehr erlöst werden könne und weiter im Turm schmachten müsse. Erst am Abend, als er seine Herde in den Stall gebracht hatte, erzählte der Hirte von seinem Erlebnis, doch als daraufhin einige der Räte eilends auf dem Berg erschienen, war die geheimnisvolle Jungfrau nicht mehr aufzufinden.

Erst viel später zeigte sie sich wieder, diesmal einem Weinbauern, der gerade mit Arbeiten in den nahegelegenen Weinbergen beschäftigt war. Diesen klärte sie über ihr Schicksal und die Möglichkeiten zu ihrer Erlösung auf und bat ihn, ihr ins Innere des Turmes zu folgen, was der bodenständige Wengerter ohne Anzeichen von Scheu oder Furcht denn auch tat. Ohne sich auch nur ein einziges Mal nach den merkwürdigen Stimmen und Geräuschen im dunklen Gang des Turmes umzusehen – denn das war ihm verboten – gelangte der Mann, angeführt von der Jungfrau, schließlich in ein Gewölbe voller Gold- und Silbermünzen, in dem wundersamerweise auch eine Tulpe blühte. Den nicht einmal erträumten Reichtum so plötzlich vor Augen, stopfte sich der Weingärtner Taler und Dukaten in die Tasche, soviel nur irgend ging, und trat dann, wiederum geführt von der weißen Frau, den Rückmarsch an. Als er jedoch ins Freie kam, stimmte die Jungfrau ein jammervolles Geheul an: Die Blume, so erklärte sie ihm, hätte er zu ihrer Erlösung ergreifen müssen und nicht nur an das viele Geld denken dürfen. Nun sei es wieder nichts mit ihrer Erlösung. Damit entschwand sie klagend durch die Lüfte. Als der Winzer aber nach den Gold- und Silberstücken in seiner Tasche griff, hatten diese sich in lauter wertlosen Tand verwandelt.

Wieder verging sehr viel Zeit. Da geschah es, daß ein alter Tagelöhner am Fuß des Heidenturmes eine weiße Tulpe sah. Das wäre an sich noch nichts Ungewöhnliches gewesen, hätte es nicht wenige Tage zuvor das erste Mal geschneit, denn es war November. Der Tagelöhner also pflückte die Blume, und im nächsten Augenblick stand die weiße Jungfrau neben ihm. Sie nahm ihn an die Hand und führte ihn durch den Turm bis zur fest verschlossenen Tür des Gewölbes, vor dem eine Schlange mit goldener Krone auf dem Kopf Wache hielt. Diese Schlange solle er küssen, bedeutete sie dem Alten. Der jedoch bekam es mit der Angst zu tun und ergriff, so schnell er nur konnte, die Flucht. Wieder war so aus der Erlösung nichts geworden; wieder mußte die Arme jahrelang warten, bis sich ihr die nächste Chance bot.

Eine Stunde vor Mittag erschien die weiße Gestalt einer armen Witwe und bat, doch mit ihr zum Turm zu gehen, wo die Frau Geld und Gold in Mengen finden werde, wenn sie nur ihren Anweisungen folge. Zunächst war dem Bemühen Erfolg beschieden, doch beim Aufstieg zum Turmberg erblickte die Witwe mit einemmal die Beine der rätselhaften Jungfrau: Geißfüße! Das konnte ja nur der Leibhaftige in anderer Gestalt sein, der sie ins Elend führen werde! Die von panischem Entsetzen erfüllte Frau machte kehrt, so schnell sie nur konnte. Die Jungfrau aber verschwand unter furchtbarem Donnern und Krachen – mit ihrer Erlösung hatte es einmal mehr nicht geklappt.

Jahrzehnte gingen ins Land. Ein Steinhauer aus dem nahen Karlsruhe hatte von den zahlreichen Spukgeschichten Kenntnis erhalten und beschloß, der Geschichte vom Turmberg in Durlach einmal auf den Grund zu gehen. In der Adventszeit, es war eine klare, helle Mondnacht, machte er sich auf, den Berg zu ersteigen, nicht ohne vorher – man konnte ja nie wissen – ausführlich gebetet zu haben. Schlag Mitternacht erblickte der Steinhauer hinter den Zinnen des Turms dann auch tatsächlich eine weiße Kindergestalt, die einmal die Plattform umrundete und dann verschwand. Anschließend zeigte sich eine weiße Frau, die genauso um den Turm ging und sich dann in nichts auflöste. Ihr wiederum folgten gleich ein paar weiße Frauen, die nach ihrem Rundgang ebenfalls verschwanden. Das reichte: Nun war der Steinhauer für alle Zeiten sicher, daß es auf dem Turmberg tatsächlich Gespenster gab,

und zeigte fortan keine Neigung mehr, sich des Nachts dort oben aufzuhalten.
Ein anderer Steinbrecher beobachtete einst einen grüngekleideten Mann, der im frisch gefallenen Schnee auf dem Turmberg nicht die geringste Fußspur hinterließ. Wieder ein anderer Steinhauer, der bis in den Abend hinein dort oben an einem widerspenstigen Felsbrokken beschäftigt war, vernahm plötzlich hinter sich ein spöttisches Lachen. Er blickte sich um und gewahrte zu seinem Grausen einen langen, schwarzen Mann, der keinen Kopf zu haben schien. Danach, so heißt es, sei er regelmäßig mit Steinen beworfen worden, wenn er sich nach vier Uhr nachmittags noch am Turmberg aufgehalten habe.

Noch eine Begebenheit um den schwarzen Mann wird vom Turmberg erzählt: In einem der unterirdischen Gänge des Turmes war ein schwarzer Mann, aus welchen Gründen auch immer, bei lebendigem Leib eingemauert worden. Nach seinem elenden Ende ging er fortan abends in dem finsteren Verließ als Geist um, und nachdem die altersschwache Mauer schließlich eingefallen war, trieb er sich in den Abendstunden zusätzlich noch auf dem Turm herum. Die wackeren Durlacher jedoch, denen der schwarze Geist alles andere als geheuer war, mauerten eines Morgens die Wand des Verlieses ruck-zuck wieder zu. Fortan ward der schwarze Mann nicht mehr gesehen.

Die Burggeister von Eberbach am Neckar

Über dem Städtchen Eberbach am Neckar thronten früher gleich drei Burgen. So nimmt es nicht wunder, daß da auch gleich mehrere Geister ihr Unwesen trieben. Die bekanntesten sind, zumindest in der Umgegend, das »Borghelle-Männle«, das Männlein von der Burghalde, und das »Borghelle-Newwelle«, mehr schlecht als recht mit »Burghaldennebel« zu übersetzen. Zunächst soll aber von zwei anderen Geistererscheinungen die Rede sein.

Vor langer, langer Zeit gab es in Eberbach einmal eine Mühle samt einem wunderschönen Müllerstöchterlein darin. Kein Wunder, daß der irdischen Versuchungen gegenüber nicht ganz unempfängliche Burgherr von Eberbach so manches Mal den Hals verdrehte, wenn er an der Mühle vorbeiritt, um einen Blick des schönen Fräuleins zu erhaschen. Meist war ihm Erfolg beschieden, denn die Schöne riskierte ganz gern einen kessen Augenaufschlag in Richtung des Ritters. Mit der Zeit wurde dieser mutiger und trieb sich, so oft es ging, bei der Mühle herum. Nun hatte sich allerdings auch ein anderer, jüngerer Ritter in das Mägdelein verliebt, und der Eberbacher Burgherr merkte, daß sein Nebenbuhler wohl das Rennen machen würde. Doch kampflos das Feld zu räumen, war er nicht gewillt. Er freundete sich mit dem jungen Edelmann an und bestellte ihn eines Abends an eine abgelegene Stelle des Waldes, wohin dieser genauso arglos wie neugierig dann auch ritt. Seitdem jedoch hat den Burschen nie wieder ein Mensch gesehen, und hinter vorgehaltener Hand machte bald die Vermutung die Runde, daß der alte Ritter seinen jungen Rivalen aus dem Feld geräumt habe. Ob der dann die Müllerstochter für sich erobern konnte, darüber schweigen die Quellen. Klar ist jedoch, daß es sich bei der schaurigen, weißen Gestalt, die in

dunklen Nächten auf einem dreibeinigen Schimmel von der Burg in die Stadt hinunterreitet, um niemand anderen handeln kann als um den ruhelosen Geist des frevelhaften Mörders. Sein Erscheinen verheißt im übrigen nichts Gutes; regelmäßig ereignet sich nach seinem Auftauchen ein Unglück.

Bei der zweiten geheimnisumwitterten Begebenheit hat es nur ein einziges Mal gespukt, sie ist es aber dennoch wert, erzählt zu werden. Vor langer Zeit hatte eine Frau ohne Hilfe ein Kind zur Welt gebracht und war bei der Geburt schwer erkrankt. Das Neugeborene lag neben ihr im Bett, als die Frau vor Erschöpfung und schwerem Fieber in einen ohnmachtsähnlichen Schlaf verfiel. Während die Kranke nun schlief, geriet das Kind immer mehr unter die Bettdecke, unfähig natürlich, sich aus eigener Kraft zu befreien. Erst bei ihrem Erwachen nach stundenlangem Schlaf bemerkte die Mutter voller Entsetzen das Drama, das sich neben ihr im Bett zugetragen hatte: Das Kleine war unter der Decke jämmerlich erstickt.

Kaum war dies bekanntgeworden, erhoben sich auch schon Stimmen, hier sei kein Unglück geschehen, die Frau habe vielmehr das Kind in voller Absicht getötet. Die Verzweifelte beteuerte wieder und wieder ihre Unschuld. Dennoch wurde ihr der Prozeß gemacht, und bald schon stand für den Richter der Sachverhalt fest. Er entschied auf »schuldig«, die Mutter wurde zum Tode verurteilt, die Hinrichtung sollte auf der Stelle erfolgen; die Frau hatte keine Chance mehr, die Todesstrafe abzuwenden! Und so fügte sich die Verurteilte in ihr Schicksal. Wie es ihr Recht war, sprach sie auf der Richtstätte noch ein letztes Wort, indem sie zu dem Richter bemerkte: »Wenn Ihr heute abend nach Hause kommt und eine weiße Taube aus dem Fenster Eures Hauses fliegen seht, dann werdet Ihr erkennen, daß ich unschuldig war!«

Keiner nahm diese letzten Worte sonderlich ernst; der Richter hatte sie beinahe vergessen, als er am Abend nach der Hinrichtung bei seinem Haus eintraf. Da geschah das Unglaubliche: Aus dem Fenster des Hauses stieg eine weiße Taube in den Himmel, flog hoch und höher, bis sie dem Blick schließlich entschwand. Die Prophezeiung der unglücklichen Mutter hatte sich erfüllt. Der Richter aber verließ, von Schuldgefühlen gepeinigt, Eberbach und zog fort – keiner hat ihn jemals mehr gesehen.

Nun aber soll endlich die Geschichte vom Borghelle-Newwelle erzählt werden. Einer der Eberbacher Bürger, dem Vernehmen nach ein bodenständiger Handwerker, scheint irgendwann einmal auf den Gedanken verfallen zu sein, oben bei der Burgruine nach einem Schatz zu graben. Beharrlich und mit stoischer Ruhe grub er tage- und wochenlang. Den Spott seiner Mitbürger beachtete er einfach nicht, durch nichts ließ er sich beirren.

Oder vielleicht doch? Mit einemmal war nämlich von heute auf morgen Schluß mit der Schatzgräberei, und das konnte ja nur zwei Ursachen haben: Entweder der wackere Handwerker hatte endlich seinen Schatz gefunden – doch von plötzlich erworbenem Reichtum war nichts zu sehen bei ihm –, oder aber es mußte etwas geschehen sein, das ihn zur Aufgabe seines

Plans gebracht hatte. Nach einigem Hin und Her rückte der verhinderte Schatzgräber schließlich mit seiner Geschichte heraus: Als er einmal mitten in der Nacht auf der Burg gegraben habe (manchmal ist ja die Mitternacht für ein solches Unterfangen die richtige Zeit), sei urplötzlich aus der Dunkelheit etwas auf ihn zugeflattert. Und zwar nicht etwa ein Vogel oder eine Fledermaus, nein, etwas Weißes, Unheimliches, eine Art Nebel, ein Newwelle halt. Dabei müsse es sich um einen bösen Geist aus längst vergangenen Zeiten gehandelt haben. Deshalb sei er so schnell wie möglich geflohen und nun auch gar nicht mehr darauf erpicht, weiter nach dem Schatz zu graben.

Seit dieser Begegnung also weiß die Menschheit um das Borghelle-Newwelle, dem immer mal wieder ein Schabernack zugeschrieben wird. Damit steht es in Eberbach freilich in direkter Konkurrenz zum Borghellemännle, das schon so manches auf seinem Kerbholz angesammelt hat.

Viele der Streiche, die auf das Konto des Borghellemännle gehen, hören sich an, als hätten moderne Naturschützer sie sich ausgedacht. In Wirklichkeit aber verhält es sich so, daß alte Eberbacher schwören, schon ihr Großvater habe geschworen, die derben Späße seien tatsächlich passiert, und unzweifelhaft sei das Borghellemännle der Eulenspiegel hinter den Vorkommnissen gewesen.

So sah es das Borghellemännle gar nicht gerne, wenn in der Gegend der alten Burg Wanderer durch die Wiesen gingen. Die ließ es dann an Stellen über Baumwurzeln stolpern, an denen es in Wirklichkeit gar keine Wurzeln gab.

Einem, der sich im Wald unberechtigterweise mit Bohnenstangen für den Garten versorgt hatte, gab das Männle einen Schubs und ließ ihn samt seinen geklauten Stangen wie eine Lawine den Hang hinunterrollen, was natürlich nicht ganz ohne Blessuren abging.

Dann die Sache mit dem kapitalen Hirsch, der eines Tages direkt vor die Flinte eines Jägers lief – noch einen Meter weiter, dann wäre die Schußposition ideal gewesen. Gerade als sich der Hirsch in die gewünschte Richtung bewegen wollte, krachte ein Schuß aus dem Gewehr des Jägers; die Kugel, weil zu früh

abgeschossen, verfehlte ihr Ziel, und der Hirsch war sofort auf und davon. Auch dies ging aufs Konto des Männles, das offenbar einen Ast vom Dikkicht aus hat zum Abzug emporschnellen lassen, so daß sich der Schuß löste und der Hirsch gerettet war. – Daß man sich beim Pflanzen von Gehölzen doch bitte auf einheimische Gewächse konzentrieren sollte und nicht auf irgendwelches ausländische Zeug, ist für das Borghellemännle ebenfalls eine Selbstverständlichkeit. Dies erklärt, weshalb einer, der sich partout nicht daran halten wollte, ständig mit Steinen beworfen wurde, wenn er sich bei seinen ausländischen Gehölzen einfand. Kein Mensch war zu sehen, der die Steine geworfen haben könnte, und so stand bald schon fest: Das konnte nur einer gewesen sein ...

... auch wenn's in Eberbach noch einen anderen gibt, einen Geist mit Namen Bortehut. Dessen irdischer Vorgänger ist übrigens zu seinen Lebzeiten durchaus bekannt gewesen, denn es handelt sich um niemand anderen als um den Diener des letzten Burgherren von Eberbach. Dieser Diener zeichnete sich durch ein recht ungewöhnliches Kleidungsstück aus, einen großen Hut, der rundum mit Borten besetzt war, und so hatte er bei den Eberbachern bald schon seinen Spitznamen weg: Bortehut! Die Kinder haben ihn wegen seinem komischen Hut sogar regelrecht ausgelacht, was ihn derart auf die Palme brachte, daß er, drohend seinen Stock schwingend, hinter den kleinen Spöttern herrannte, um sie mal so richtig zu verklopfen.

Kein Wunder, daß er sich auch noch nach seinem Ableben kräftig echauffiert hat, wenn irgend so ein Frechdachs auf der Burganlage oben meinte, ihn mit seinem Spottnamen »Bortehut« rufen zu müssen. Wie ein Blitz aus heiterem Himmel erschien dann eine Hand, die dem frechen Bengel eine schallende Ohrfeige versetzte. Das kann einem, versuchen die Eberbacher glaubhaft zu versichern, durchaus auch heutzutage noch passieren.

Vorsicht ist auch geboten beim Abzupfen von schönen, grünen Efeublättern auf dem ehemaligen Burgareal: Auch da ist's schon passiert, daß spornstreichs eine Ohrfeige als Strafe für den Frevel folgte. Und auch dann war immer klar, wer dieses handgreifliche Argument ausgeteilt hatte – natürlich der treue Diener seines längst verblichenen Burgherrn, der Bortehut von Eberbach.

Unheimliche Begegnungen im Kloster Maulbronn

Daß es in der gewaltigen Klosteranlage von Maulbronn spuken soll, ist alles andere als ungewöhnlich – immerhin hat dort der wohl geheimnisvollste Alchimist des ausgehenden Mittelalters seine Experimente gemacht, der berühmte Doktor Faust, den hinterher der Teufel geholt hat. Auf Geheiß seines Bekannten, des Abtes Johannes Entenfuß, der in chronischen Geldnöten steckte, hat er im sogenannten Faustturm versucht, den Traum der Menschheit zu verwirklichen und quasi »aus Dreck« Gold zu machen – wie wir mittlerweile wissen, ein vergebliches Unterfangen.

Lange nach den Experimenten des Johannes Faust im Jahre 1516 haben sich im Kloster dann tatsächlich merkwürdige Phänomene ereignet, angeblich in den Jahren 1659 und 1660.

In den Räumen der Prälatur erhob sich plötzlich alles, was nicht niet- und nagelfest war, in die Luft und entschwand teilweise durch die Fenster in den Garten hinaus, wo die Möbel sachte auf dem Boden aufsetzten. Merkwürdig rumpelnde Geräusche – die ganz im Gegensatz zu der Sanftheit des Schwebens standen – ertönten aus verschlossenen Zimmern heraus; doch wenn man die Türen öffnete, war alles ordnungsgemäß an seinem angestammten Platz, lediglich eine schwarze Katze schlüpfte regelmäßig durch die Tür. Wollte man die Katzen verfolgen, kam man nicht weit, denn plötzlich waren sie spurlos verschwunden. Ein Schlurfen, wie von überdimensionalen Pantoffeln verursacht, war von der Treppe zu hören – wer oben stand und den seltsamen Geräuschverursacher erwartete, stand sich freilich die Füße in den Bauch, denn weder ein Mensch noch irgendein Geist war zu sehen. Statt dessen gab es nun ganz unten im Gang wiederum Lärm, denn die ordentlich an der Wand hängenden Feuereimer wurden durcheinandergeworfen. Das alles wiederholte sich mehrfach. Irgendwann war das dem damals hier wohnenden Prälaten mit dem bezeichnenden, gut schwäbischen Namen Schlotterbeck zuviel des Guten: Er verließ die Wohnung und zog in ein spukfreies Haus.

Mit der Zeit nun begann sich auch die württembergische Regierung für die seltsamen Phänomene zu interessieren und schickte einen Trupp Soldaten, der nach dem Rechten sehen und Tag und Nacht in der Prälatur Wache halten sollte, um der Geschichte auf den Grund zu gehen. Doch alle Wachen, alle Verhöre der Bevölkerung, alle Protokolle, alle Untersuchungen brachten nicht an den Tag, was der Auslöser für die merkwürdigen Dinge gewesen sein konnte, die sich hier abgespielt hatten.

Dann, Mitte August des Jahres 1660, ging es wieder los. Zunächst trieb irgend etwas seinen Schabernack mit dem Offizier der Wache, der gerade friedlich in seiner Stube vor sich hin schnarchte. Mit einemmal rüttelte und schüttelte es an der Bettlade, daß der urplötzlich aus dem Schlaf gerissene Soldat meinte, sein Bett würde im nächsten Moment mit ihm durch die Luft fahren. Der Hund, der mit dem Offizier in diesem Zimmer übernachtet hatte, sprang zum selben Zeitpunkt hinaus, als seien sämtliche Teufel gleichzeitig hinter ihm her.

Zwei Tage später passierte der nächste Vorfall: Ein Soldat der Wache schaute nachts bei völliger Windstille kurz zum Fenster hinaus; kaum hatte er jedoch den Kopf zurückgezogen, da schlug mit einem gewaltigen Krach der Fensterladen zu, als habe ihn eine Sturmbö erfaßt. Der Laden zersplitterte in tausend Einzelteile.

In der folgenden Nacht hörte der wachhabende Soldat zur klassischen Geisterstunde, also zwischen Mitternacht und ein Uhr, gleich in mehreren Zimmern des Hauses ein ungeheures Gepolter. Der Tapfere nahm sich ein Herz und schloß die Tür desjenigen Raumes auf, aus dem die heftigsten Geräusche zu hören gewesen waren – da kam es ihm vor, als sause irgend etwas an ihm vorbei zum Zimmer hinaus, und augenblicklich folgte ein gewaltiges Krachen und Poltern, als würde das halbe

Dach weggetragen und in den Garten geschleudert. Kaum war es hell, untersuchte man das Dach, doch es fand sich keinerlei Beschädigung, und auch im Garten war kein Stück Dachziegel oder ähnliches zu finden.

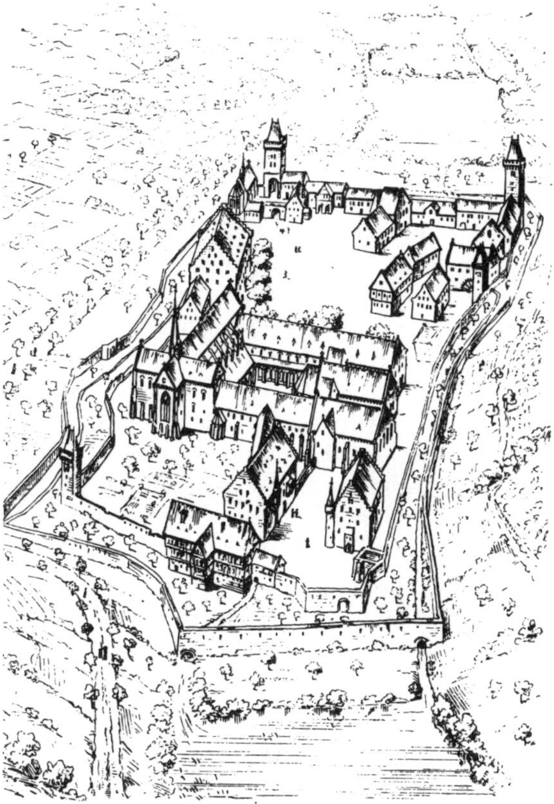

Aber das war noch längst nicht alles: In einer weiteren Nacht, so berichtete hinterher ein Soldat, sei »ein langes weißes Ding« die Treppe heraufgekommen, und als er – nicht feige – einen neugierigen Schritt darauf zugetan habe, da sei es urplötzlich zu einer Kugel zusammengeschnurrt und die Treppe wieder heruntergefahren. Weg war das Gespenst!

Mehr als einmal scheint sich das seltsame »Ding«, diesmal aber in Schwarz, in der Nacht auf die schlafenden Soldaten gelegt zu haben, so daß diese meinten, jemand drücke ihnen mit beiden Daumen fest ins Herz – kein angenehmes Erwachen! Oder aber es verwandelte sich in eine schwarze Katze, eine besonders große, die auch noch etwas merkwürdig daherkam: Sie war nämlich hinten höher als vorn. Doch wer auch immer versuchte, ihrer habhaft zu werden, es gelang nicht. Die Regierung hat sogar 40 Gulden Belohnung ausgesetzt, um das Vieh endlich zu erwischen – vergeblich. Klar war nur: Immer dann, wenn irgendwo im Klosterbereich irgend etwas passiert war, was mit dem Phänomen Spuk zu tun hatte, dann tauchte gleich danach besagte merkwürdige schwarze Katze auf, die genauso rasch wieder verschwand, wie sie gekommen war.

Kein Wunder, daß das nicht aufzuklärende Phänomen jahrhundertelang durch die Köpfe der Menschen spukte. Durch die Zeiten wurde alles, was nicht sofort erklärbar war, ob berechtigt oder nicht, dem armen Gespenst in die Schuhe geschoben und wenn nicht diesem, dann dem verstorbenen Prälaten Weiland, der ebenfalls das eine oder andere Mal »geistweis« umging.

Der Prälat Weiland nun scheint ein recht eigentümlicher Zeitgenosse gewesen zu sein, der freilich etwas auf Traditionen hielt, und so hatte er das Recht besessen, einmal im Jahr dem katholischen Prälaten in Bruchsal einen Besuch abzustatten, wo ihn dieser dann freizuhalten hatte. Für seine Ausflüge benützte der Maulbronner seine uralte Prälaturkutsche, die immerhin mit vier Pferden bespannt wurde. Die mußte der Klostermüller stellen, und er tat es zähneknirschend. Natürlich war er froh, wenn sich die Ausflüge in Grenzen hielten.

Der Kutsche voran ritt ein Mensch in einer Art Uniform, die irgendwann vor Menschengedenken einmal angefertigt worden war und in die sich jeder, der die Rolle des Vorreiters zu spielen hatte, hineinzwängen mußte, ob dick, ob dünn, ob sie paßte oder nicht. Prälat Weiland kam eines Tages schließlich auf die Idee, sich doch für solche Ausflüge ebenfalls ein besonderes Kleidungsstück anfertigen zu lassen: einen weißen Frack, mit schwarzen Borten verziert. Doch als der Frack fertiggestellt worden war, da befiel den wackeren Prälaten eine schlimme Krankheit, und bald wurde klar, daß er nie mehr einen Ausflug nach Bruchsal würde machen können. Er ließ sich den Frack wenigstens am Krankenlager aufhängen, um ihn immer im Blickfeld zu haben, und so behielt er es bei, bis sein letztes Stündlein geschlagen hatte: Noch mit brechendem Blick, so wird erzählt, habe er die Augen auf den schönen weißen Frack mit den schwarzen Borten gerichtet, den er tragischerweise nie hatte anziehen können.

Nach seinem Dahinscheiden erschien den mehr oder minder erschreckten Bewohnern von Maulbronn eine Zeitlang immer wieder eine merkwürdige Gestalt, ein Gespenst mit weißem Frack und schwarzen Borten, dem seligen Abt Weiland zum Verwechseln ähnlich. Mit der Zeit aber scheint er seinen Frieden gefunden zu haben, zumindest ist seit langer, langer Zeit keine Begegnung mit ihm mehr verbürgt.

Eine Begegnung ganz anderer Art hat jedoch einer der früheren Klosterbrüder gehabt, der in Maulbronn begraben wurde, wenngleich sein Grab längst eingeebnet und vergessen ist. Jener, der ein Jahr als Laienbruder im Kloster gelebt hat, war eigentlich ein Ritter von Seckendorf, bis auf den Tod mit dem Ritter von Erlikom verfeindet. Grund allen Übels war die Frau des einen, die sich offenbar zu freundlich und zu vertraulich mit dem anderen beschäftigt hatte. Rache hatten sich die beiden Rittersleute auf jeden Fall geschworen, bitterste, blutige Rache.

Und so kam es, daß der Ritter von Seckendorf zusammen mit seinem Knecht wieder einmal auf dem Weg war, dem verhaßten anderen einen Hinterhalt zu legen. Mitten im Wald wurden die beiden allerdings von der Dunkelheit überrascht, so daß sie nach einem Nachtlager Ausschau hielten. Bald fanden sie eine alte Kapelle, in der sie schlafen konnten.

Die Nacht verlief ereignislos, und zeitig am nächsten Morgen brachen sie auf, um früh zu ihrem Hinterhalt zu gelangen. Sie waren schon eine Weile geritten, da fiel dem Ritter plötzlich ein: Er hatte die Handschuhe seiner Ritterrüstung in der Kapelle vergessen, und zwar ausgerechnet auf der dort stehenden Totenbahre. Der Knecht wurde zurückgeschickt, doch den empfing in der Kapelle ein feuriges Gespenst, das die Handschuhe angezogen hatte und diese ständig aneinanderklopfte. Kein Wunder, daß der Knecht, so schnell es nur ging, das Weite suchte und seinem Herrn voller Entsetzen das grausige Geschehen erzählte. Der jedoch traute der Erzählung des Knechtes nicht so ganz, schalt den einen nichtsnutzigen Zeitgenossen und machte sich nun selbst auf die Socken. Kaum jedoch war er ein Stück geritten, da hörte er zwischen den Bäumen merkwürdige Geräusche: Klingeln, Jammern, Geschrei, Getöse und eine Art Hufgeklapper.

Er stieg vom Pferd und beschloß, sich zu verstecken, bis der unheimliche Spuk vorüber sei. Und tatsächlich, da kamen sie auch schon: grauenerregende Reiter, teils ohne Kopf, manchmal nur mit einem Arm, Pferde mit zwei Füßen, Menschen, in deren Leibern Schwerter steckten, und schließlich auch noch eine besonders merkwürdige Gestalt: auf einem dürren, weißen, hinkenden Gaul ein Mann in voller Ritterrüstung. Am Bauch hatte er eine furchtbare, klaffende Wunde, aus der die Gedärme quollen, über das Pferd hinweg, bis fast auf den Boden. Grauenerregend – doch das gespenstische Heer zog weiter, ohne dem wie versteinert dastehenden Betrachter ein Leid zuzufügen.

Als schließlich nur noch eine einzige jammervolle Gestalt vorüberhinkte, faßte sich der Ritter ein Herz und sprach den Hinkenden an, um welche Gesellschaft es sich denn da gerade gehandelt habe. Der gab bereitwillig Auskunft und erklärte, dies sei das Wotansheer gewesen. Dann fragte der Wartende nach dem Reiter mit dem heraushängenden Gedärm, und der Hinkende erwiderte, das sei ein Ritter von Seckendorf, der in genau einem Jahr von seinem Todfeind, dem Ritter von Erlikom, auf einem solchen Pferd sitzend erschossen werde, so daß ihm seine Gedärme, wie gesehen, aus dem Bauch herausquellen würden. Sprach's und humpelte von dannen, den entsetzten Ritter von Seckendorf zurücklassend, der nun also über sein eigenes tragisches Ende aufgeklärt war.

Keinen Gedanken verschwendete er nun noch an seine Rache, dagegen überlegte er fieberhaft, wie er dieser schrecklichen Weissagung entfliehen könne. Dann war der Entschluß gefaßt: Einem seiner Verwandten vermachte er seine sämtlichen Besitzungen und zog nach Maulbronn, wo er sich als Laienbruder ins Kloster aufnehmen ließ. Dies, so hoffte er, sei der einzige Weg, unerkannt zu bleiben und so einer Verfolgung durch den Ritter von Erlikom zu entgehen.

Es schien fast so, als würde die Rechnung aufgehen, denn monatelang geschah nichts Beunruhigendes. So wurde der frühere Ritter mit der Zeit wieder etwas mutiger und ließ sich ab und an auch außerhalb des Klosterhofes blicken. Genau dies jedoch war sein Verhängnis: Erlikom nämlich hatte sein Vorhaben keineswegs aufgegeben, sondern war auch gerade dabei, auf der Suche nach seinem Erzrivalen sämtliche Klöster abzuklappern. Auf den Tag ein Jahr nach der schrecklichen Weissagung passierte es dann: Erlikom kam nach Maulbronn und erkannte mit einemmal unter der Kutte eines Laienbruders das Gesicht seines Gegenspielers. Die Stunde der Abrechnung war gekommen. Der entdeckte Ritter floh in Richtung Kloster, sah ein zufällig dastehendes, mageres, weißes Pferd, sprang auf dieses so rasch er konnte, ergriff eine Stange und stellte sich, weil es ganz offensichtlich zur Flucht zu spät war, nun seinem Verfolger entgegen. Der jedoch hatte bereits seinen Bogen gespannt, schoß einen Pfeil auf den anderen ab und traf ihn mitten in den Leib, so daß dem armen Opfer auf dem Schimmel die Gedärme aus dem Bauch quollen und er kurz darauf verschied.

Der Mörder floh, der Gemeuchelte erhielt seine letzte Ruhestätte im Klosterhof, doch davon ist schon längst nichts mehr zu sehen. Geblieben von ihm ist nur noch die tragische Geschichte vom Laienbruder, an dem sich auf so schreckliche Art und Weise die Prophezeiung erfüllt hatte.

Das Sachsenheimer Klopferleschloß

Ein wunderschönes Wasserschloß kann, wer will, in Sachsenheim im Kreis Ludwigsburg bewundern. Und dazuhin noch ein furchtbar häßliches, steinernes Etwas an der linken Seite des Schloßtores, eine untersetzte Figur mit großen Glupschaugen und einer Fratze, die hoffnungslos-verwirrt in die Welt hineinglotzt. Die merkwürdige Plastik stellt das Sachsenheimer Klopferle dar, einen an sich gutmütigen Hausgeist, der schon vor über 400 Jahren in der Zimmerschen Chronik beschrieben wurde: »Auch zu den Edelleuten von Sachsenheim ist ein Gespenst gekommen. Das blieb etliche Jahre bei ihnen ... Es redete aber nur mit einer Vogelstimme und sagte, er sei einer von den verstoßenen Engeln im Himmel.« Dabei handle es sich um den Entenwick. (Klopferle hat man ihn erst später genannt.)

Die Geschichten, die von ihm erzählt werden, sind so kurios wie vielfältig: Tausend Jahre oder mehr habe der aus dem Himmel verstoßene Engel in einem Schilfröhrlein im Moos gelegen, bis er, wie auch immer, ins Schloß nach Sachsenheim geraten sei. Aus Dank dafür, nun eine feste Bleibe gefunden zu haben, verrichtete er fortan nur gute Taten für die Schloßherren von Sachsenheim, die zumeist fromme Männer im Dienst der württembergischen Landesherren gewesen sind. Einer der letzten des Geschlechts derer von Sachsenheim war beispielsweise jener Hermann, dessen berühmt gewordenes ausdrucksvolles steinernes Abbild, der »betende Ritter«, in der Stuttgarter Stiftskirche zu bewundern ist.

Doch nicht alle Sachsenheimer waren derart edle und fromme Leute, vor allem einer nicht ... Aber der Reihe nach: Unser Klopferle, für dessen gute Taten sich später auch der Dichter der »Heinzelmännchen von Köln«, August Kopisch, interessiert hat, der in einer Erzählung das Klopferle auch tatsächlich wie ein Heinzelmännchen darstellte, war nicht nur ein guter, sondern auch ein überaus nützlicher Geist. Sooft von durstigen Kehlen die großen Weinfässer im Keller geleert worden waren, hat er sie mir nichts, dir nichts wieder gefüllt. Von daher stammt auch sein Name »Klopferle«, denn man hat ihn zwar fast nie gesehen, dafür aber um so öfter gehört. Immer wieder hat er nämlich im

Keller an die Fässer geklopft, um zu hören, ob denn noch genug guter Wein darin gelagert sei oder ob nachgeliefert werden müsse. Dieses Klopfen hat man bis in die Gemächer des Schlosses hinauf vernommen und deshalb schließlich dem guten Kellergeist den Namen Klopferle verpaßt.

Doch der ständige Weinnachschub war noch nicht alles an guten Taten, die das Klopferle im Sachsenheimer Schloß vollbracht hat. Den manchmal allzu schmalen Geldbeutel der hohen Herrschaften hat der Geist immer wieder rechtzeitig vor dem Ruin mit Goldstücken vollgestopft, schmackhaftes Essen hat er in Windeseile hergezaubert, Wasser geschleppt und dem Schloßherrn sogar die Pantoffeln an den Sessel gestellt. Daß ein so guter Geist auch ab und an ein bißchen Schabernack mit den Mägden angestellt hat, wer wollte es ihm verdenken ... und so lebten das Klopferle, die irdischen dienstbaren Geister und die Schloßbesitzer in bester Eintracht und Harmonie, bis eines schlechten Tages im Jahre 1542 das Unglück geschah.

Der damalige Schloßherr und Oberste des Geschlechts derer von Sachsenheim scheint, sehr zum Mißfallen des Klopferles, das ja ein guter und rechtschaffener Geist war, ganz gern mal im Kreis seiner Zechkumpane einen über den Durst getrunken

zu haben. Als man da eines Tages in ebenso froher wie weinseliger Runde zusammensaß, wurde über dieses und jenes geredet, schließlich auch über den guten Wein und seine nie versiegende Quelle, sprich: über das Klopferle.

Dabei muß der edle Herr von Sachsenheim mit seinem guten Geist mächtig angegeben haben und wen wundert's, daß daraufhin alle verlangten, ihnen das Klopferle leibhaftig vorzuführen. Das sei unmöglich, gab der Schloßherr zurück, das Klopferle habe an seine guten Dienste nämlich die Bedingung geknüpft, daß man nie verlange, es solle sich leibhaftig zeigen. Und verstohlen mag der Hinweis hinzugefügt worden sein, weshalb nicht: Es sei nämlich ein furchtbar häßliches Geschöpf, was man von einem der Ahnen noch wisse, denn der habe tatsächlich einmal einen Arm des Klopferle zu Gesicht bekommen, ein furchtbarer Anblick, grün-rot-gelb gemischt, mit Warzen übersät, so entsetzlich, daß der wackere Ritter freiwillig darauf verzichtet habe, noch mehr vor Augen geführt zu bekommen. Die beiden, Geist und Herr, schlossen darauf den für beide Seiten verständlichen Pakt, daß der dienstbare Geist so lange für Wohlstand und ein gutes Leben der Herrschaft sorge, solange es keinem einfalle, ihn von Angesicht zu Angesicht sehen zu wollen.

Doch diese Erzählung machte die angeheiterte Runde natürlich nur noch neugieriger und fordernder: Falls der Sachsenheimer ernstlich glaube, man würde auf diese an den Haaren herbeigezogene Geschichte hereinfallen, dann täusche er sich aber mächtig. Her mit dem komischen Geist, oder keiner glaube auch nur ein Wort!

Der so Herausgeforderte wurde in seinem Rausch nun mutig und rief nach seinem Klopferle. Von irgendwoher aus dem Raum ertönte darauf eine Stimme, die darum bat, die Bitte zurückzuziehen. Doch nun war's zu spät, nun hätte der Schloßherr das Gesicht verloren, wäre er dieser Bitte nachgekommen. Deshalb die neuerliche Aufforderung an das Klopferle: »Zeig' dich!« – und wieder die Stimme, dieses Mal flehentlich, sich nicht zeigen zu müssen. Was folgte, war die dritte Aufforderung, nun schon in Befehlsform. Und damit war's passiert: Ein furchtbarer Donnerschlag erfüllte den Saal, dessen Decke sich öffnete. Ein Blitz zuckte durch die Öffnung, und ein kleines, rotgekleidetes Männchen offenbarte sich der entsetzten Zecherrunde. Durch den Blitz entzündete sich das Holz des Saales, schon loderten die Flammen, und nur mit Mühe konnte sich der Schloßherr mitsamt seinen Gästen noch ins Freie retten. Das Schloß aber, der stolze Stammsitz derer von Sachsenheim, brannte bis auf die Grundmauern nieder.

Mit diesem Paukenschlag hatte das Klopferle sowohl das Schloß wie auch das Geschlecht der Sachsenheimer für immer verlassen und obwohl das Gebäude zwei Jahre nach dem verheerenden Brand wiederaufgebaut wurde, schien mit einemmal das Glück von der adligen Familie gewichen zu sein: Das Geschlecht starb bald schon aus, und die ursprüngliche Prophezeiung, daß das Schicksal der Herren von Sachsenheim mit der Anwesenheit des Klopferle untrennbar verbunden sei, hatte sich auf schreckliche Weise bewahrheitet.

Das Gespenst im Ludwigsburger Schloß

Kein Geringerer als der Landarzt, Romantiker, Dichter, Schriftsteller und Weinliebhaber Justinus Kerner, nach dem ja sogar eine Rebsorte benannt worden ist, hat in seinen Erinnerungen »Aus meiner Jugendzeit« den Spuk im Ludwigsburger Schloß beschrieben, der hier aus dem zu Ende gehenden 18. Jahrhundert bezeugt ist.

Ludwigsburg, die einstmals stolze Residenz der kleinen »Sonnenkönige«, der absoluten Herrscher über die Untertanen, das nach dem Vorbild der Versailler Bauten des legendären und gefürchteten ersten absolutistischen Herrschers in Europa, Ludwig XIV. von Frankreich, vom württembergischen Herzog Eberhard Ludwig errichtet worden war, hat im Verlauf der zweiten Hälfte des 18. Jahrhunderts viel vom einstigen Glanz und seiner früheren Größe wieder eingebüßt. Spätestens nach dem Tod des Herzogs Ludwig von Württemberg, als der Hof das Schloß verließ und ein Teil des Militärs ebenfalls abzog, herrschte gähnende Leere in den Straßen und in vielen Gebäuden der ehedem so prunkvollen Kunststadt. Justinus Kerner beschreibt das so, daß beispielsweise bei den Arkaden »die einzige Bevölkerung die Hühner des Italieners Menoni« gewesen seien, und nur deren Krähen habe die Totenstille, die ringsum herrschte, unterbrochen. Aus dem unbetretenen Pflaster der ehemaligen Residenz wuchs Gras – mit anderen Worten: Ludwigsburg war wie ausgestorben.

An den langen, düsteren Winterabenden erschienen die Stadt und ihr großes, fast völlig leeres Schloß besonders trist, ja geradezu unheimlich. Besonders bedrückend sei, so schreibt Kerner, die Gegend um das sogenannte »Corps de logis« gewesen. Und dabei wiederum handelt es sich um eben jenes Gebäude, in dem seinerzeit der württembergische Herzog Karl Alexander gestorben war, seit dessen Tod, so flüsterte man sich erschauernd zu, manches in dem Haus nicht mehr mit rechten Dingen zuging.

Der Geist, der hier nächtens sein Unwesen getrieben hat, scheint ein besonderer Scherzkeks gewesen zu sein – sehr zum Leidwesen der Schildwachen, denen es gleich mehrmals widerfahren ist, daß sie unvermutet einer am Genick gepackt und übers Geländer geworfen hat. Weil aber vorher nie auch nur das leiseste Geräusch zu hören gewesen war, konnte es sich ja nur um einen überirdischen Kraftmeier handeln.

Justinus Kerner selbst hat versucht, diesem Phänomen auf die Spur zu kommen. Einen der Soldaten, denen das Mißgeschick passiert war, hat er angesprochen und ausgefragt, wie das damals denn gewesen sei. Schließlich charakterisierte er die Vorkommnisse als abergläubische Spukgeschichten, allerdings konnte er keinen der Beteiligten des Schwindels überführen.

Dieser Geist hat die Wachen auch noch in anderer Weise geneckt: Er ahmte die Geräusche nach, die es verursacht, wenn Menschen die Treppe hoch und hinunter gehen, wenn Schlüssel im Schloß herumgedreht werden, Türen auf- und zugehen. Als die aufmerksam gewordenen Wachen die Vorfälle meldeten, gab es eine Untersuchung, doch nie war auch nur die leiseste Spur von einem nächtlichen Besucher festzustellen, und auch am nächsten Tag war keinerlei Indiz zu finden.

Hier erhielt Kerner ebenfalls Auskunft aus erster Hand, nämlich von einem der wachhabenden Offiziere, der mit seiner ganzen Mannschaft versucht hatte, das Phänomen aufzuklären. Vergeblich, wie er selbst beteuerte – er habe weder eine natürliche Ursache für die Geräusche finden können, noch glaube er, daß es sich dabei um einen großangelegten Schwindel handle.

Kerner freilich blieb skeptisch, doch viel Zeit zum Erforschen dieser rätselhaften Vorgänge blieb ihm nicht – die Familie zog es nämlich vor, dem verödeten Flecken den Rücken zu kehren und 1795 nach Maulbronn zu ziehen. Vielleicht ist dies einer der Gründe, weshalb der Spuk von Ludwigsburg, auch wenn von ihm seit fast 200 Jahren keine neue Begebenheit mehr erzählt wird, unaufgeklärt geblieben ist bis auf den heutigen Tag.

Schloßgeist Baldrian auf Katzenstein

Recht trinkfeste Gesellen müssen sie gewesen sein, die Herren von Katzenstein im Härtsfeld bei Heidenheim – zumindest einer von ihnen, denn diesen Säufer hat man sogar in einem schwäbischen Volkslied verewigt:

Der edle Herr von Katzenstein
trinkt gar zu gern vom echten Wein.
Sobald der erste Becher leer,
bringt schon der Schenk den neuen her.
Der edle Herr von Katzenstein
trinkt spät bis in die Nacht hinein.
Frühmorgens, wenn der Tag bricht an,
fängt er aufs Neu zu bechern an ...

Und so weiter und so fort bis zum weinseligen Ende:

Als einst der Herr ans Sterben dacht',
hat er dem Land' sein Durst vermacht.
Drum gibts im Schwabenlande dein,
so viele Herrn von Katzenstein.

So – jetzt wissen wir also Bescheid. Vielleicht liegt in dieser Geschichte auch die Erklärung für eine absonderliche Schatzsuche verborgen, die sich auf Burg Katzenstein einmal zugetragen hat.

Nicht zu Unrecht wird die Burg mit ihrem imposanten Bergfried als das Wahrzeichen des Härtsfelds bezeichnet. Dem Besucher, dem sie schon von weither ins Auge fällt, präsentiert sie sich wie das Idealbild einer mittelalterlichen Burganlage, wie man sich halt eine richtige, schöne Ritterburg gemeinhin vorstellt: mit Burgteich, Ringmauer, Schmiede, Brunnenhalle, Kapelle, Jagdzimmer, Rittersaal und ähnlichen Baulichkeiten mehr, die das Herz eines jeden Burgenfreunds höher schlagen lassen.

Schon vor 900 Jahren werden die Herren von Cazzenstein urkundlich erwähnt, als Lehensleute der Grafen von Dillingen. Doch die Anfänge der Befestigung reichen noch viel weiter zurück. Es handelt sich nämlich um eine Wehranlage, die auf den Resten eines römischen Wachtturms errichtet worden ist. Bayernherzog Tassilo I. verlegte im Jahr 777 eine Mannschaft auf die Burg, zum Schutz für das von ihm in diesem Jahr gegründete Kloster Neresheim. Den entscheidenden Ausbau der Burg haben dann aber die Cazzensteiner bewerkstelligt, die mindestens zweihundert Jahre lang Besitzer des Schlosses gewesen sind und mit denen wohl auch die in den Stein gemeißelten Zeichen zusammenhängen, die neben dem steinernen Kamin des Bergfrieds zu sehen sind: eine Katze und eine Lilie.

Daß es in dieser Gegend Römer gab, beweist der Wachtturm, der das Fundament der Burg bildet. Er diente einst zum Schutz einer Römerstraße, die später vom Volksmund in Frankenstraße umbenannt wurde – nach der Vertreibung der Römer wurde sie nämlich von den

neuen Herren, den Franken, benutzt. So löste ein kleiner Schatzfund, den ein Bauer Anfang des Jahrhunderts ganz in der Nähe des Katzenstein gemacht hat, denn auch kaum Staunen aus. 22 römische Goldmünzen buddelte der Landwirt aus seinem Acker. Als sich jedoch herausstellte, daß sie aus den Jahren zwischen 450 und 550, aus der römischen Spätzeit also, stammten, rieb sich die Fachwelt doch verwundert die Augen, denn der Stern des Römerreiches war zu dieser Zeit längst untergegangen. Da sich die Römer damals nicht mehr bis nach Süddeutschland getraut haben, liegt die Vermutung nahe, daß es sich bei dem Katzensteiner Goldfund um die Beute eines Alemannen oder eines Franken handelt, der nach seiner Teilnahme an einem Kriegszug in Oberitalien die Münzen mit sich zurückgeschleppt und dann hier vergraben hat – vielleicht, weil ihm ein Überfall durch streunende Banden drohte, vielleicht als sicheres Versteck in Notzeiten, das nach seinem Tod in Vergessenheit geriet, wer weiß.

Oder hat der Arme womöglich später nach seinem Gold gesucht und es einfach nicht mehr finden können? Hat sich das Gerücht vom verlorenen Goldschatz über die Jahrhunderte weiterverbreitet? Hat der Volksmund eine vage Ortsangabe – *bei* der Burg Katzenstein – irgendwann durch das deutlichere »*in* der Burg Katzenstein« ersetzt, wo nun die Münzen vermutet wurden?

Möglich wäre es, denn gerade im Zusammenhang mit der Burg Katzenstein hielt sich hartnäckig das Gerücht, ein Schatz liege hier im Katzenturm vergraben, bewacht von einem bösen Burggeist. Der heißt übrigens Baldrian – womöglich deswegen, weil Katzen sich wie toll gebärden, wenn sie Baldrian riechen oder lecken.

Auf jeden Fall gelangte man irgendwann zur Überzeugung, der Schatz müsse dasein, in Anbetracht des bösen Geistes freilich könne es nur einem Geistlichen gelingen, die Kostbarkeiten auch zu heben. Und so machte sich im Mai des Jahres 1737 tatsächlich der Kapuzinerpater Guido an die Arbeit, begleitet von zwei Notaren, die ihm wohl auf die Finger sehen sollten, daß ja kein Stück des Schatzes womöglich in irgendwelchen tiefen Taschen der Kutte auf Nimmerwiedersehen verschwinden möge.

Alle Mächte des Himmels hat der gute Pater bemüht, um an den Schatz zu gelangen: Gesegnet hat er, Teufel ausgetrieben hat er, Geister verjagt, vier Wochen lang, doch alles vergebens!

Da kam plötzlich der Hüter des Schatzes, der Burggeist Baldrian, angestürmt und hat den Pater Guido, so wird erzählt, ganz furchtbar zerzaust, von Kopf bis Fuß. Später hat der derart zugerichtete Geistliche erzählt, nur durch eine glückliche Fügung in Gestalt des guten Geistes von Westerstetten, der sich auch in der Burg aufgehalten habe, sei es ihm gelungen, mit dem Leben davonzukommen. Wenn jener gute Geist nicht den bösen in die Schranken verwiesen hätte, es wäre um den frommen Mann mit Sicherheit schlecht gestanden, heißt es ...

Seitdem hat es, soviel bekannt geworden ist, niemand mehr gewagt, an den Schatz vom Katzenstein zu kommen. Vom guten Burggeist hat man deshalb genausowenig wieder etwas gehört wie vom bösen Baldrian.

Die Geister von Hohengundelfingen

Über dem Ort Gundelfingen im Lautertal erheben sich bis auf den heutigen Tag zwei Burgen: die Ruine des auf einem schroffen Felsen erbauten mächtigen Hohengundelfingen und das eher romantisch anzuschauende, auf einem Umlaufberg der Lauter gelegene und bis auf den heutigen Tag bewohnte Niedergundelfingen. Genauso wie der Anblick unterschiedlich ist, sind auch die Geschichten ganz verschieden, die man sich von den Bewohnern der beiden Burgen erzählt: Eher ruhig und friedlich seien die Bewohner von Niedergundelfingen gewesen, stolz und herrisch die der Stammburg.

Das ganze Lautertal haben die Edelfreien von Gundelfingen mit einer Kette von Burgenbauten überzogen. Am bedeutendsten war lange Zeit das im 11. Jahrhundert erbaute Hohengundelfingen. Niedergundelfingen folgte Anfang des 13. Jahrhunderts, wo auch der Niedergang der Gundelfinger beginnt. Nicht weniger als zwölf Söhne hatte nämlich einst der Hohengundelfinger Burgherr Schweikhardt, genannt Swigger. Dieser Name, Swigger, zieht sich jahrhundertelang durch das Geschlecht, so daß selbst geschichtskundige Forscher Mühe haben, die verschiedenen Swigger auseinanderzuhalten. Unter besagtem Schweikhardt nun wurde der Besitz unter den zahlreichen Söhnen (darunter gleich zwei mit Namen Swigger) aufgeteilt und somit zersplittert: Die Folgen waren empfindliche Machteinbußen und bald auch schon finanzielle Schwierigkeiten, die einen Verkauf des Stammsitzes notwendig machten. Später gelangten die Hohengundelfinger, auch ohne ihre Burg, zu immerhin bescheidener Bedeutung als treue Gefolgsleute der Grafen von Württemberg.

Doch zurück zu der Zeit, in der von den Gundelfingern noch landauf, landab die Rede war, die Zeit der ersten Kreuzzüge.

Als der Ruf erfolgte, die heiligen Stätten des Christentums von den Heiden zurückzuerobern, konnten sich Ritter vom Schlage eines Gundelfingers nicht verweigern, und so machte sich der Herr samt seinem Gefolge auf zum Heerzug ins Gelobte Land. Jahre dauerte es damals, bis die Kämpfer – wenn überhaupt – den Weg wieder nach Hause zurückfanden. Nicht nur die meist verlorenen Schlachten mit den Arabern forderten ihren Blutzoll, auch der Hin- und vor allem der Rückweg der erschöpften Streiter war mit Gefahren gepflastert. Wen wundert es da, daß manch tragische Begebenheit, die von einem dieser Herren erzählt wird, in der Zeit der Kreuzzüge angesiedelt ist. Oft genug konnten oder wollten auch die zurückgebliebenen Angehörigen nicht mehr an eine Rückkehr der Ritter glauben und wendeten irgendwann nach mehr oder minder langer Trauerzeit ihr Interesse anderen Personen zu.

So ging es auch der Burgfrau auf Hohengundelfingen, die im Lauf der Jahre ausgerechnet von einem Priester immer eindringlicher bedrängt wurde, ihm doch ihre Gunst zu zeigen. War anfangs die Zurückweisung noch barsch und deutlich, wurde der Widerstand allmählich schwächer, und schließlich erlag die Gute dem Werben des Pfarrers. Gleich mehrere Kinder waren das Resultat der Liebschaft. Längst war die Beziehung auch für die Mitbewohner auf der Burg offensichtlich, aber längst war auch allen klar, daß der Burgherr wohl nie wieder von seinem Kreuzzug zurückkommen würde.

Doch die Launen des Zufalls sind unergründlich. Eines Tages machte die Kunde vom baldigen Wiedererscheinen des Ritters die Runde. Von Panik ergriffen, packte die Burgfrau daraufhin ihre Kinder, warf sie über die Burgmauer in die gähnende Tiefe und glaubte, so die Spuren ihrer Untreue verwischt zu haben. Doch der Ritter hatte längst erfahren, was sich in seiner Abwesenheit abgespielt hatte, ließ den Pfaffen ergreifen und zu Tode jagen. Die frevelhafte Burgfrau aber, von Reue über ihren Kindermord geplagt und zitternd vor Angst, ihr Gatte werde sie grausam strafen, schwang sich über die Mauer und folgte den Kindern in den Tod. Noch heute kann man im Lautertal in der Nähe von Hohengundelfingen die zu Stein

gewordene Frau (merkwürdigerweise die »Steinerne Jungfrau« genannt) samt ihren Kindern sehen. In manchen Nächten wehen eigenartige Töne von diesen Felsen herüber ins Dorf: Es sind die Klagelieder der Burgfrau und ihrer unglücklichen Kinder.

Oder sind es die Stimmen der verfeindeten Brüder Eberhard und Konrad von Gundelfingen, die noch lang nach ihrem Ende ein unglückliches Schicksal gefangenhält?

Diese beiden waren so unterschiedlich im Wesen wie ihre Burgen unterschiedlich im Bau. Der herrschsüchtige Eberhard bekam vom Vater die Stammburg vererbt, für den anderen, Konrad, baute der Vater eine neue Burg, eben Niedergundelfingen. Viel Geld verschlang der Bau der neuen Burg, sehr zum Ärger des raffgierigen Eberhard, der sich denn auch weigerte, zum Einzugsfest auf Niedergundelfingen zu erscheinen. Nur der Vater war von Hohengundelfingen zu der Feier ins Tal geritten; spät in der Nacht kam er erst zurück auf die Burg, wo er sich harsche Vorhaltungen seines Sohnes anhören mußte. Doch auch der Alte geriet nun in Rage, das Wortgefecht ging in einen Kampf mit Waffen über, wobei der Vater gegen den Sohn den kürzeren zog und von diesem am Ende tödlich verletzt wurde. Den Leichnam warf Eberhard in seiner Wut über die Burgmauer, wo er am nächsten Tag von dem entsetzten Konrad aufgefunden wurde.

Ewige Rache schworen die Brüder nun einander. Doch es kam nicht zum Gefecht, sondern man ging sich aus dem Weg, und bald schien die Sache für die Außenstehenden aus der Welt zu sein. In Wirklichkeit jedoch hatte Eberhard seinen Bruder auf Schritt und Tritt beobachten, ja ausspionieren lassen und wußte so auch von der innigen Beziehung Konrads zu einem Bauernmädchen, mit dem dieser sich in absehbarer Zeit vermählen wollte. Die Rache an diesem Mädchen auszuführen, treffe seine Bruder gleich doppelt hart, kalkulierte der grausame Hohengundelfinger, und so überfiel er mit einem Trupp seiner Leute die Hütte der Bauernfamilie, riß das Mädchen mit sich und versuchte, es auf seine Burg zu verschleppen.

Kaum war der Überfall geschehen, erfuhr Konrad davon und machte sich mit seinen Truppen unverzüglich auf den Weg. Mitten im Wald, mitten in der Nacht trafen die verfeindeten Brüder und ihre Helfer aufeinander, und jetzt kam es zum Kampf. Keiner konnte in der Dunkelheit die Oberhand gewinnen, doch kaum daß der Morgen dämmerte, sah der Herr von Niedergundelfingen die schreckliche Wahrheit: Die Truppen des Bruders waren geflohen, auf der Erde lag das Mädchen, tödlich getroffen von einem verirrten Pfeil.

Rasend vor Wut und Schmerz machte er sich auf nach Hohengundelfingen, sah auf den Zinnen droben seinen höhnisch lachenden Bruder stehen, ergriff seinen Bogen, schoß den Pfeil. Dasselbe tat Eberhard, und im gleichen Moment sanken beide Brüder nieder. Haß bis auf den Tod! Doppelter Brudermord! Haß sogar nach dem unseligen Ende, denn bis heute sollen die beiden auf den Mauern ihrer Burgen umgehen, getrieben von unstillbaren Rachegelüsten, ruhelos bis auf den Jüngsten Tag.

Der Schmeller von Ringingen

In Ringingen auf der Schwäbischen Alb, zwischen dem Hohenzollern und der Salmendinger Kapelle, gab es einst eine stolze Burg, die im Besitz der sogenannten Schmeller von Ringingen war. Die trieben im Mittelalter ihr Unwesen und triezten die Bevölkerung mit Abgaben und Frondiensten, wo es nur ging. Der allerschlimmste von ihnen war gleichzeitig der letzte Schmeller, mit dessen Ende das Geschlecht derer von Ringingen ausstarb. Er war eine richtige Landplage, ja, er trieb's nicht nur zu seinen Lebzeiten besonders toll, auch als Geist hat er sich manchen deftigen Schabernack erlaubt, der so bemerkenswert und so lange noch in aller Munde war, daß ihn Jahrhunderte später Graf Froben Christoph von Zimmern in seiner berühmten Zimmerschen Chronik verewigt hat.

Nachdem dieser Unhold, wie gesagt, seine Familie und die Untertanen jahrzehntelang übel gepiesackt hatte, war er schließlich in hohem Alter gestorben. Die Trauer über seinen Tod hielt sich verständlicherweise in Grenzen, doch wer nach dem Ableben des Schmellers von Ringingen hörbar aufgeatmet hatte, merkte bald, daß er sich zu früh gefreut hatte. Wegen seiner vielen Untaten mußte der Schmeller nämlich fortan als Geist umgehen, um die Sünden, die sich im Lauf der Jahre angesammelt hatten, sozusagen abzuarbeiten. So kam es, daß der Schmeller von Ringingen den Bauern auf den Wiesen und Feldern auf seinem Pferde begegnete, gerade als wäre er noch lebendig und nicht nachweislich aus der Welt geschieden. Weil er ihnen aber kein Härchen krümmte und sich tags wie nachts vollkommen friedlich zeigte, verloren die Bauern bald ihre Furcht vor der merkwürdigen Erscheinung und grüßten ganz einfach zurück, wenn er ihnen so höflich, wie es zu Lebzeiten nie seine Art gewesen war, einen Gruß entbot.

Unruhe stiftete er eigentlich nur nachts im Schloß, wo er die Familie und das Hausgesinde nach Herzenslust erschreckte, ärgerte und quälte. Dies verband er regelmäßig mit dem Hinweis, wie man ihm helfen, wie man ihn erlösen könne. Doch an die Erlösung des alten Poltergeistes dachte ernstlich niemand, man hätte ja Besitz an die Kirche abgeben müssen, um Messen für die arme Seele lesen zu lassen und ähnliches mehr. Nein: Wer zu Lebzeiten derart gewütet hatte, der konnte jetzt ruhig zur Strafe als Geist umhergehen.

Nun trieb es der Schmeller freilich immer ärger, um sich doch noch Gehör und Erlösung zu verschaffen. So schlimm wurden schließlich die Belästigungen, daß die Witwe samt ihren drei Töchtern eines Tages fluchtartig das Schloß verließ und nach Rottenburg zog, um dort endlich Ruhe vor den nächtlichen Heimsuchungen zu finden. Doch daraus wurde nichts: Der Geist des Schmeller verfolgte die Familie bis an den Neckar und spukte da noch kräftiger als im heimatlichen Schloß von Ringingen.

In der Zwischenzeit aber stand das Schloß öde und verlassen da, genau das richtige Objekt für eine Mutprobe der halbwüchsigen Bauernjugend von Ringingen. Nach einem weinseligen Treffen im Wirtshaus hatten die Halbstarken beschlossen, eine Nacht auf der verlassenen Burg zu verbringen, um zu erforschen, was die Herrschaft dazu veranlaßt hatte, so fluchtartig Reißaus zu nehmen.

Noch bei Tageslicht gingen die Knechte und Jugendlichen am Tag darauf in Richtung Schloß. Proviant nahmen sie mit und Lichter, um bei Nacht nicht völlig im Dunkeln sitzen zu müssen. Das beste Zimmer suchten sie sich für ihren Aufenthalt heraus, und weil es draußen bitter kalt war, heizten sie den Kamin vom danebenliegenden Zimmer aus kräftig an, ehe sich die tapferen Schloßbesetzer zur Sicherheit im Zimmer einschlossen. In feuchtfröhlicher Laune wurde gut gegessen, anschließend legten sich die Burschen zum Schlafen auf den Boden – nichts Außergewöhnliches hatte sie bis dahin behelligt.

Nun passierte es aber in der Nacht, daß das Feuer im Kamin erlosch. Einer nach dem anderen erwachte schlotternd vor Käl-

te, doch keiner traute sich vor die Tür, um den Kamin vom anderen Zimmer aus wieder anzuheizen. Und wie sie da zähneklappernd saßen und einer den anderen aufforderte, doch endlich hinauszugehen und kein Hasenfuß zu sein, hörten sie Schritte die Treppe heraufkommen. Ganz gemächlich schien der Eindringling ins benachbarte Zimmer zu schlurfen, wo er sich am Kamin zu schaffen machte. Nach kurzer Zeit wurde es in der Stube warm, bald schon so unerträglich warm, daß die wackeren Burschen, die sich immer noch nicht vor die Tür trauten, glaubten, sie müßten ersticken. So blieb ihnen nichts anderes übrig, als die Fenster aufzureißen und ihre knallroten Köpfe zur Kühlung hinauszustrecken.

Mit einem Schlag flog nun jedoch die vorher fest verschlossene Stubentür auf, und da stand die unheimliche Gestalt, die ihnen derart eingeheizt hatte: der Schmeller höchstpersönlich, so, wie man ihn immer gekannt hatte. Ob es ihnen denn jetzt warm genug sei, wollte er wissen, doch niemand von der zu Tode erschrockenen Gesellschaft brachte auch nur einen Laut über die Lippen. Darauf verzog sich der Schmeller wieder, nicht ohne die Tür hinter sich wieder zuzuschließen. Am nächsten Morgen, aber erst als es ganz hell war und die Sonne richtig schien, nahm die männliche Dorfjugend von Ringingen ihren ganzen Mut zusammen und marschierte, so schnell sie nur konnte, zurück in den Ort. Nie wieder, so berichtet die Chronik, habe es sie von da an gelüstet, noch einmal in dem Schloß zu übernachten, obwohl ihnen ja eigentlich kein Härchen gekrümmt worden war.

Der Schmeller aber trieb weiterhin auch in Rottenburg sein Unwesen, so daß die geplagte Witwe beschloß, halt wieder zurück nach Ringingen zu ziehen – wenn sie schon keine Ruhe bekäme, dann könne sie auch gleich zu Hause bleiben. Und so geschah es denn auch, der Schmeller zog mit, ging nächtens im Schloß um, während er tagsüber nach wie vor den Bauern auf ihren Feldern freundlich begegnete.

Eines Tages traf er einen Soldaten aus dem benachbarten Ort Killer, der soeben von einem langjährigen Kriegszug wieder in seine Heimat zurückkehrte. Natürlich hatte dieser in der Fremde nichts vom Ableben des alten Schmeller, den er kannte, mitbekommen, und deshalb grüßte er ihn auch ganz arglos, als sie zusammentrafen.

Auf die Frage nach seinem Wohlergehen antwortete der Schmeller dann freilich, er sei gestorben, was der Soldat, den Schmeller ja vermeintlich leibhaftig vor Augen, energisch bestritt: Er sehe ihn schließlich vor sich. Nachdem der angeblich Tote aber nochmals bestätigte, er weile nicht mehr unter den Lebenden, dachte sich der Soldat, der Alte sei nicht mehr ganz richtig im Kopf und wollte ihn sanft dazu bringen, sich als quicklebendig zu betrachten. Doch der Schmeller schritt nun seinerseits zur Aufklärung und zählte die Gründe auf, die ihn auf Erden wie lebendig umhergehen ließen, wo er doch in Wirklichkeit längst in den ewigen Jagdgründen hätte wandeln sollen. Erstens sei er nämlich zu Lebzeiten ein rechter Wüterich gewesen, der seinen Untertanen die Felder mit Jagdgesellschaften und aus Übermut zertrampelt und verwüstet habe. Zweitens habe er als Gerichtsherr immer denjenigen in seinem Urteil bevorzugt, den er habe gut leiden können, nicht denjenigen, der eigentlich recht hätte bekommen sollen. Drittens dann habe er alle Backöfen in seinem Ort verboten, einen Backofen auf der Allmende gebaut und dort einen Bäcker angestellt, bei dem alle Einwohner nun gezwungenermaßen ihr Brot hätten backen müssen. Zu allem Überfluß mußten die so Terrorisierten auch noch jedes zwanzigste Brot dem Bäcker geben, der wiederum unter der Last der Abgaben, die er an den Schmeller habe bezahlen müssen, fast zusammengebrochen sei. Viertens schließlich, als ihm fast nichts mehr einfiel, womit er den Bürgern das Leben hätte schwer machen können, habe er eine Kälberweide des Dorfes konfisziert und sie zu seiner eigenen Wiese erklärt. Damit habe er seinen Herrgott so ernstlich erzürnt, daß er nun so lange Buße für seine Taten tun müsse, wie das Unrecht nach wie vor Bestand habe. Wenn seine Familie das unrechte Gut nicht zurückgebe, müsse er in großer Pein umhergehen und werde nicht erlöst. Alle Hinweise, alle Bitten hätten bei der Familie bisher nichts gefruchtet, auch die Tatsache, daß er seitdem nachts umhergehe und ihnen alle möglichen Plagen antue, habe nichts genützt – sie hätten ihn nicht erlöst. Aber vielleicht könne er, der Soldat, noch ein gutes Wort für ihn einlegen. Damit man ihm zu Hause glaube, gebe er ihm noch eine von seinen Mützen mit. Dann verabschiedete er sich mit der Bitte an den Soldaten, sich auf keinen Fall mehr umzudrehen.

Kaum war der Soldat ein paar Meter gegangen, hörte er hinter sich ein furchtbares Prasseln, als stürze die ganze Welt in sich zusammen. Schnell ging er weiter, ohne noch einmal zurückzublicken.

Als der Soldat wenig später zu Hause ankam, erkannten ihn die Familienangehörigen kaum, denn von der unheimlichen Begegnung waren ihm die Haare und der Bart schneeweiß geworden. Unverzüglich besuchte er nun die

Witwe des Schmeller auf Schloß Ringingen und berichtete ihr von seinem Treffen sowie der Bitte des Geistes. Doch die Frau ließ sich nicht erweichen: Alles bleibe, wie gehabt.

Seit dieser Zeit trieb's der alte Schmeller noch toller als zuvor, nur seine jüngste Tochter, Agnes, von ihm liebevoll das Englein genannt, verschonte er, indem er sie kurz vor einem seiner neuen, schreckverbreitenden Auftritte warnte: »Englein, paß auf, liebes Englein, gleich komme ich.«

An einem Sommertag, als draußen eine Bruthitze herrschte, sperrte der Geist die Familie in einer Stube ein und heizte dann so kräftig, daß alle, genauso wie Wochen vorher die Bauernburschen, meinten, sie müßten gleich ersticken und sich nur noch dadurch zu helfen wußten, daß sie die Köpfe zum Fenster hinausstreckten. Die Burgherrin ließ daraufhin das gesamte Holz, das zum Heizen aufgeschichtet worden war, forttragen, damit ihr dieser Schabernack nicht noch einmal passieren könne, aber der Geist bugsierte das Holz ruckzuck wieder her und heizte von neuem ein. Beim Kochen vertrieb er die Burgfrau aus der Küche und schob Holz im Herd nach, bis alles verbrannt war. Aber immer noch weigerte sich die Familie, ihn zu erlösen.

Schließlich wickelte er die Frau eines Morgens vom Bett weg in ein Leintuch und hängte das Tuch mitsamt seinem Inhalt an der Außenmauer an einem hölzernen Nagel auf. Das schien nun zu helfen, denn nach langem Keifen und Zetern versprach die Witwe des Schmellers endlich, alles zu tun, was zur Erlösung des Geistes notwendig sei, wenn er sie nur sofort in Sicherheit bringe. Der hölzerne Nagel nämlich, so fürchtete sie, würde ihr Gewicht nicht allzulang aushalten.

Tatsächlich leitete sie sofort nach ihrer Befreiung alles in die Wege, was sie versprochen hatte. Kaum hatte der Pfarrer auf dem Ringinger Friedhof am Ende der langen Prozedur dann auch noch die Absolution erteilt, erschien der Schmeller wieder und bedankte sich, ihm sei nun geholfen, jetzt könne er von der ewigen Pein in die ewige Freude übergehen.

Und schon verschwand er, wie man hört auf Nimmerwiedersehen.

Das Wotansheer von Veringen

Oft geht in alten Spukgeschichten und Sagen das Wotansheer oder Muotesheer um – in sturmgeladenen Nächten galoppieren die wilden germanischen Reiter in Windeseile durch Wälder, Wiesen und Dörfer. So mancher arglose Zeitgenosse, der eigentlich nichts anderes im Sinn hatte, als so schnell wie möglich ein schützendes Dach zu erreichen, hat da, ohne es zu wollen, Bekanntschaft mit der wilden Truppe gemacht, die seit Urzeiten mit Schwertgeklirr, dumpfem Hufschlag und wüstem Kriegsgeschrei durch die Lüfte hastet. Ob es nun der Wind ist, der das Wotansheer treibt, oder ob die alten Recken mit ihren galoppierenden Rossen selbst den nötigen Wind entfachen – auf jeden Fall haben sich die Menschen in früheren Jahrhunderten wohlweislich im Haus aufgehalten und die Türen verschlossen, wenn wieder mal das wilde Heer in der Gegend zu hören war.

So war es auch in Veringen an der Lauchert, genauer gesagt in Veringenstadt, als sich um das Jahr 1550 die folgende Geschichte zugetragen hat. In einer Herbstnacht, ziemlich genau gegen zwölf, ging der Nachtwächter Hans Drescher durch die Gassen und wollte gerade eben die Mitternachtsstunde ausrufen, als um ihn, über ihm, also von allen Seiten ein genauso furchterregendes wie ohrenbetäubendes Getöse losging, das seinen Ursprung auf dem Veringer Schloßberg zu haben schien. Vom alten Schloß herunter fegte ein schwerer Sturm durch die Gassen, und keiner der verängstigten Bürger von Veringen wagte, auch nur einen Schritt vor die Tür zu setzen, mit Ausnahme des tapferen Nachtwächters. Doch nun hörte dieser von der entgegengesetzten Richtung her ein lautes Schreien: »Manno, Manno!« wurde wieder und wieder gebrüllt.

Unser Freund bekam es mit der Angst zu tun. Irgendwas konnte da nicht mit rechten Dingen zugehen, dachte er sich, obwohl er als Nachtwächter sonst nicht gerade schreckhaft war. Er verhielt sich also still, in der Hoffnung, daß der unheimliche Rufer ihn nicht gesehen hatte. Doch das Schreien verstummte nicht, sondern wurde eher noch lauter, bis sich Drescher schließlich ein Herz faßte und dem wüsten Geschrei entgegenging.

Als er die Quelle des nächtlichen Lärms schließlich entdeckte, gefror ihm fast das Blut in den Adern ob der grauenhaften Szenerie, die sich da vor ihm auftat: Ein großer, furchterregender Mann in voller Kriegsuniform stand ihm gegenüber, dessen Kopf in zwei Hälften gespalten war, wovon die eine Kopfhälfte auf der Schulter des Kriegers lag.

Der so Malträtierte wies den Wächter an, ihm zu helfen und die beiden Kopfhälften wieder zusammenzubinden. Denn nur so könne er den Gefährten von seinem Haufen nacheilen. Sprach's und zog ein Handtuch unter seiner Kleidung hervor, womit ihn der Veringer Nachtwächter doch bitte verbinden solle.

Das sei sein Handwerk nicht, versuchte sich der immer noch bis ins Mark erschrockene Hans Drescher aus der Affäre zu ziehen, er sei schließlich, was man doch einsehen möge, lediglich ein Nachtwächter und kein Barbier. Aber es sei kein Problem, dem so übel Zugerichteten einen fachkundigen Barbier zu besorgen, dies würde er gerne sofort erledigen. Dazu muß man wissen, daß die Frisöre früher gleichzeitig Ärzte waren.

Der wilde Kriegsmann jedoch ließ – aus welchen Gründen auch immer – nicht locker. Vielleicht befürchtete er, der Nachtwächter suche nur nach einer Ausrede, um so schnell wie möglich Fersengeld geben zu können. Drescher jedenfalls blieb nichts anderes übrig: Er mußte die beiden Kopfhälften wieder zusammenbinden.

Während dies geschah, erzählte der Verletzte seine Geschichte: Er sei nämlich sogar von hier, aus Veringen, gebürtig, auch wenn das schon lange her sei. Als Soldat habe ihm ein

Gegner in einer Schlacht den Kopf gespalten, und seitdem müsse er mit dem wilden Heer durch die Lüfte fahren.

Nach getaner Arbeit – der Kopf saß wieder einigermaßen ordentlich zusammengefügt auf dem Hals – bedankte sich die Angstgestalt beim Nachtwächter fürs Verbinden und gab ihm zum Abschied noch den gutgemeinten Rat, ihm ja nicht hinterherzuschauen, dies nämlich würde dem Drescher Hans nicht gut bekommen. Damit entschwand der Fremde.

Ob nun der wunderfitzige Nachtwächter der seltsamen Gestalt doch nachgeblickt hat oder nicht, darüber schweigt sich die Überlieferung aus. Man weiß allerdings, daß der Nachtwächter gleich nach dieser unheimlichen Begegnung nach Hause gegangen ist und auf der Stelle krank wurde. Sage und schreibe 16 lange Wochen lag er im Bett, bevor er wieder einigermaßen auf die Beine kam, und geredet hat er anscheinend über den nächtlichen Vorfall nie besonders gern und viel.

Immerhin hat sein Erlebnis so weit die Runde gemacht, daß die Geschichte vom Wotansheer in Veringen bis nach Meßkirch gedrungen ist, wo sie vom Grafen Froben Christoph von Zimmern vierzehn Jahre danach aufgeschrieben wurde. Der Nachtwächter übrigens – so betont der Chronist – hat zum Zeitpunkt der Niederschrift seines Erlebnisses noch immer in Veringen gelebt.

Ob es der letzte Besuch des Wotansheers in Veringen bis heute gewesen ist, das bezweifeln eingeweihte Einheimische, denn schließlich hat es seit dem Jahr 1550 so manche Sturmnacht an der Lauchert gegeben, in der die seltsamsten Geräusche zu hören waren ...

Der Spuk von Schloß Sigmaringen

Auch in dem imposanten, das Stadtbild von Sigmaringen prägenden Hohenzollernschloß an der Donau spukt es gewaltig. Zumindest hat es dort noch Ende des 19. Jahrhunderts kräftig und hörbar gespukt.

Weshalb man seitdem nichts mehr von dem Poltergeist, der dort umging, hört? Na ja – entweder hat die »arme Seele« Ruhe gefunden, oder aber die heutigen Hohenzollern samt Angestellten halten es für angebrachter, den Mantel des Schweigens über die Angelegenheit zu decken, etwa nach dem Motto: »Stell dir vor, es spukt, und wir sagen's einfach niemandem!«

Wie auch immer – aus dem letzten Viertel des 19. Jahrhunderts liegt ein präziser Bericht über mysteriöse Vorgänge auf Schloß Sigmaringen vor, das seinerzeit vom Fürsten Leopold bewohnt wurde. Geschrieben hat diesen Bericht ein Fürst mit dem bezeichnenden Namen Eulenburg, der im November 1890 als Gast des württembergischen Ministerpräsidenten Hermann Freiherr von Mittnacht bei der Eröffnung der Bahnstrecke Stuttgart–Tuttlingen zugegen war und anschließend, nachdem er schon in der Nähe weilte, vom Fürsten von Hohenzollern-Sigmaringen in sein Schloß eingeladen wurde.

In einem der großen Flügel des Schlosses wurde dem Gast am Abend standesgemäß eine Art Suite zum Übernachten zugewiesen. In dieser Suite gab es drei Zimmer: eines, in dem der Edelmann sein Nachtlager aufschlug, eines für seinen Leibdiener namens Emanuel und einen Salon. Kurz vor dem Schlafengehen gab Eulenburg seinem Diener noch die Anweisung, die Türen gut zu verschließen (man konnte ja nie wissen ...) und die Schlüssel im Schloß stecken zu lassen. Gesagt – getan, und kurz darauf lagen die beiden auch schon in den Betten. Während der Fürst bei Kerzenschein noch etwas Zeitung las, schlief der Diener Emanuel bereits den Schlaf des Gerechten.

Nach einiger Zeit löschte auch Eulenburg die Kerzen. Im Zimmer herrschte nun tiefe Dunkelheit, und es hätte nicht mehr lange gedauert, bis er eingedämmert wäre, wenn nicht ... wenn da nicht mit einemmal Schritte zu hören gewesen wären, Schritte im Salon, und ausgerechnet zum Salon hin hatte Eulenburg sein Zimmer nicht abschließen lassen. Tatsächlich: Der oder die Unbekannte trat vom Salon ins Schlafzimmer des Fürsten, der daraufhin seinen ganzen Mut zusammennahm und dem unheimlichen Besuch die Frage entgegenschmetterte, wer denn da sei, und was man von ihm wolle. Eine Antwort erhielt er jedoch nicht, worauf er seine Frage ein zweites Mal stellte, wieder vergebens. Ein Griff zum Streichholz – der Fürst machte Licht, doch weit und breit war niemand zu sehen. Merkwürdig! Eulenburg stand auf, inspizierte das Nebenzimmer und die Türschlösser, doch weder gab es da einen nächtlichen Besucher noch war irgendein Anzeichen dafür zu finden, daß jemand eingedrungen sein oder die Schlösser manipuliert haben könnte. Verärgert begab sich der Adlige wieder zu Bett und widmete sich, inzwischen natürlich hellwach geworden, erneut seinen Zeitungen.

Nach ausgiebiger Lektüre kam dann endlich die Müdigkeit zurück. Der Fürst löschte das Kerzenlicht. Doch kaum daß er die Augen geschlossen hatte, hörte er wiederum Schritte – diesmal unmittelbar neben seinem Bett! Und offensichtlich machte sich der geheimnisvolle Besucher diesmal auch noch an den Kerzen und den Streichhölzern zu schaffen, all das verbunden mit einem seltsam klappernden Geräusch.

Mit einer Handbewegung hätte er die Kerzen oder die Streichhölzer greifen können, doch zunächst rief Eulenburg vorsorglich: »Wer ist denn da – was wollen Sie von mir?«

Wieder keine Antwort und nun nahm der Edelmann seinen ganzen Mut zusammen, griff nach Kerzen und Streichholz, machte Licht – doch weit und breit war keine Menschenseele zu sehen! Oder war da vielleicht doch eine Seele? Denn in dem verhinderten Schläfer kroch das Gefühl hoch, als würde ir-

gendeine unerklärliche Gestalt neben ihm stehen, unsichtbar, nicht greifbar, aber dennoch vorhanden – irgendwie! Oder hatte sich vielleicht nur einer einen dummen Scherz erlaubt und versteckte sich hinter den Gardinen, die in jenen Zeiten ja meist bis zum Fußboden reichten und deshalb eine gute Möglichkeit boten, sich dahinter zu verstecken? Um das herauszufinden, war freilich Unterstützung in Form des wackeren Kammerdieners Emanuel vonnöten, und so wurde dieser vom Fürsten herbeigerufen.

Emanuel – aus tiefstem Schlaf gerissen – erschien und wurde sofort mit der Frage konfrontiert, ob er denn tatsächlich die Tür zum Gang verschlossen habe. Er bejahte. Der Fürst klärte ihn über die zweimal gehörten Geräusche auf, äußerte die Vermutung, daß es sich natürlich auch um eine Katze, einen Marder oder womöglich um eine Ratte gehandelt haben könne und ließ den Diener jeden Winkel des Zimmers genauestens inspizieren – ohne Erfolg. Guter Rat war nun teuer, und schließlich wies der tapfere Eulenburg Emanuel an, die Kleider anzuziehen und seinen Schlaf auf dem Sofa im Salon fortzusetzen, sicherheitshalber. So für alle Fälle gerüstet, legten sich die beiden verhinderten Schläfer wieder aufs Ohr. Doch kaum war das Licht

gelöscht, hörte Eulenburg die Stimme seines Dieners: »Halt – wer ist da?« Das Licht wurde angezündet, und in diesem Moment vernahm der Fürst die nun schon bekannten Schritte an seinem Bett, doch nur so lange, bis der Lichtschein der Kerzen vom Salon in sein Zimmer hineinleuchtete, gefolgt von einem entsetzten Diener, der, wie er sagte, ganz deutlich gemerkt habe, wie da etwas durch die Tür gekommen war und am Sofa vorbeiging, in Eulenburgs Zimmer hinein. Wieder war nirgendwo etwas zu sehen, und auch eine neuerliche Überprüfung der Türen und Schlösser brachte das Ergebnis: Alles fest verriegelt! Da gebe es nur eins, entschied der Fürst, man werde von jetzt an alle Lichter brennen lassen, und zwar die ganze Nacht durch, um den unheimlichen Besucher beim nächstenmal in flagranti und bei ausreichender Sicht am Kragen packen zu können. Und so schliefen die beiden schließlich beim hellen Schein der Lichter ein und wachten am anderen Morgen nach kurzem, aber immerhin ungestörtem Schlaf etwas übernächtigt auf.

Höflich vermied der Fürst beim Morgenkaffee seinen Gastgebern gegenüber einen Hinweis auf die nächtlichen Vorkommnisse. Erst später, bei der Verabschiedung vor dem Schloß durch den Hofmarschall von Buddenbrock (ja, so hieß der wirklich!), deutete er nochmal zu dem Flügel hinüber, in dem er sein Nachtquartier aufgeschlagen hatte. »Dort erkenne ich mein Zimmer. Der graue Flügel mit dem hohen Dach wirkt von hier aus geradezu, als müsse ein Spuk darin hausen«, bemerkte er scheinbar scherzhaft, worauf der Hofmarschall bedächtig mit dem Kopf nickte und Eulenburg bedeutete, er habe gar nicht so unrecht. Seit Jahrhunderten gehe hier nämlich die böse Landgräfin um, die dereinst ihren Gatten mit Kompott vergiftet habe, ausgerechnet mit Kompott! Und genau deshalb gehe sie auch in eben jenem Flügel um, in dem Eulenburg geschlafen habe, denn hier, nur ein paar Zimmer weiter, liege die ehemalige Speisekammer, in der sie seinerzeit die tödliche Mahlzeit zubereitet habe. Seit Jahren weigerten sich die Putzfrauen, diese Zimmer zu betreten, weil man schon gehört habe, wie die böse Gräfin hier nächtens mit Geschirr geklappert habe. Einmal sei sie sogar auf dem Flur gesehen worden. Aus diesem Grund habe man die alte Speisekammer verschlossen, und kein Mensch habe sie je mehr betreten.

Nun fiel es dem Fürsten wie Schuppen von den Augen, denn das unheimliche nächtliche Geräusch hatte sich in der Tat eher wie das Klappern von Porzellan, angehört und weniger wie Metall, obwohl die Kerzenständer und auch das Behältnis für die Streichhölzer nicht aus Porzellan sondern aus Metall gefertigt waren. Also stand es für den Herrn von Eulenburg fortan fest, daß er in dieser Nacht die Bekanntschaft der bösen Landgräfin von Sigmaringen gemacht hatte, die direkt an seinem Bett mit den Tellern hantierte, mit denen sie damals ihren unglücklichen Gatten ins Grab befördert hatte. Mehrfach erzählte er diese Geschichte seinen Freunden und Bekannten, und wer's nicht glauben wollte, fragte heimlich beim Diener Emanuel nach, einem jungen, gestandenen Bauernburschen. Doch als auch dieser die gespenstische Szene Wort für Wort bestätigte, da kapitulierten selbst die größten Skeptiker.

Weshalb nun die böse Landgräfin seit dieser Zeit nicht mehr aufgetaucht ist, ob sie endgültig ihre Ruhe gefunden hat oder ob sie womöglich noch immer spukt, diese Frage ließe sich nur durch eine Übernachtung im Sigmaringer Schloß klären ...

Der Schatz vom Falkenstein

Im Donautal zwischen Tuttlingen und Sigmaringen gibt es Dutzende von Stellen, an denen im Mittelalter ein Wachtturm, ein Wohnturm, eine Burg oder ein Schloß erbaut worden sind. Rekonstruktionen haben inzwischen ergeben, daß die größte aller Burganlagen damals nach mehreren Um- und Ausbauten Burg Falkenstein bei Thiergarten gewesen ist, heute eine gut restaurierte Ruine, deren einst gewaltige Ausmaße nur noch zu erahnen sind.

Bis in unsere Tage hält sich hartnäckig das Gerücht, tief unten im Erdreich unter der alten Burg sei ein Schatz verborgen. Immer wieder taucht die Legende auf, ein goldenes Kegelspiel warte dort seit Jahrhunderten auf seinen glücklichen Entdecker. Und tatsächlich haben immer wieder moderne Glücksritter versucht, den Schatz zu heben. Einmal hat sich jemand einen Scherz mit den legendengläubigen Zeitgenossen erlaubt und ihnen derart konkrete Hinweise gegeben, daß sie tatsächlich nach kurzem Suchen und Graben ein goldenes Kegelspiel fanden, worauf sich allerdings herausstellte, daß die Kegel aus Holz bestanden, das mit Goldfarbe bemalt war, und der Jubel der Schatzgräber verwandelte sich denn auch bald in Katzenjammer. Kein Kegelspiel, aber doch Fragmente eines Schachspiels haben ernsthafte Archäologen auf Falkenstein gefunden. Allerdings bestand auch dieses nicht aus Edelmetall.

Schon alte Chroniken berichten von der Schatzsuche auf Burg Falkenstein, die spätestens seit dem 16. Jahrhundert mehr oder weniger intensiv betrieben wurde. Wie sich's für die damalige Zeit gehört, verteidigte ein Gespenst die Schatztruhe; finstere Mächte wurden ins Spiel gebracht, um das Gespenst zu überlisten, doch vergeblich – obwohl die adeligen Herrschaften zu jener Zeit dringend eine Kapitalaufstockung benötigt hät-

ten, war ihnen das Glück nicht hold. Der spätere Verfasser der Zimmerschen Chronik höchstpersönlich, Graf Froben Christoph von Zimmern, hat einen »Abenteurer« (wie er ihn später in seiner Chronik nannte) mit der Suche beauftragt, »einen Abenteurer, der mit der schwarzen Kunst umging«, was damals ebenfalls nicht weiter ungewöhnlich war. Es gab ja aller Orten Alchimisten, die in herrschaftlichem Auftrag versuchten, aus Stroh, Erde oder sonstigen Dingen Gold zu machen; es war die Zeit, in der ein gewisser Doktor Faust bei alchimistischen Experimenten in Staufen im Breisgau in die Luft flog und vom Teufel geholt wurde. Der Glaube, einen uralten Menschheitstraum verwirklichen zu können, war jedenfalls weit verbreitet, und groß waren die Versprechungen der Alchimisten, die bei den chronisch defizitären Adelshäusern gewaltige Hoffnungen weckten und sie den letzten Heller investieren ließen, der später um so bitterer vermißt wurde.

Besagter Abenteurer von Schloß Falkenstein also beschwor einen Geist, der sich – nach Aussage des Alchimisten – denn auch prompt zeigte, und zwar merkwürdigerweise im Daumennagel eines Knaben. Dieser Geist plauderte nun tatsächlich aus, wo man in dem alten, baufälligen Gemäuer einen Schatz finden könne. Eine Truhe mit wertvollem Inhalt sei in einem Keller eingemauert, erklärte der Däumling dem Zauberlehrling, eine Entdeckung sei nicht allzu schwierig, da an der entsprechenden Stelle im Keller ein Zeichen in die Mauer gehauen worden sei. Prompt begann die Suche im Keller, und siehe da: Das Zeichen an der Mauer wurde gefunden. Doch damit hatte sich's auch schon. Man konnte graben und forschen, soviel man wollte, eine Truhe, schon gar eine mit wertvollem Inhalt, war nirgendwo zu finden.

Dieses Malheur war freilich flugs erklärt. Der Graf tröstete sich nämlich damit, daß der Geist, der den Weg zum Schatz gewiesen habe, mit ihnen seinen Schabernack getrieben und die Kiste samt der darin enthaltenen Pretiosen schlichtweg verrückt habe, irgendwo anders hin in der großen Burg. Die Frage war nur: wohin? Wenn die himmlischen oder teuflischen Mächte einem nicht hold waren, hatte man natürlich keine Chance, die Truhe zu finden. Und es gab auch keinen Grund, dem Alchimisten, der ja sein Bestes versucht hatte, zu zürnen.

Was die Ortsverlagerung des Schatzes angeht, wußte man nach Ansicht von Froben Christoph jedenfalls sicher, »daß solches vielmals geschieht«. Zum Beispiel habe er einen Priester, den Meister Peter Keufelin aus Oberndorf am Neckar, gekannt, ein Mann, dem man trauen konnte; dem sei im Jahre 1534 folgendes passiert. In dieser unruhigen Zeit, als Herzog Ulrich von Württemberg das Land, aus dem man ihn 1519 verjagt hatte, wieder zurückeroberte, trieb sich viel Kriegsvolk am Neckar herum. Weil nun bei der Bürgerschaft ernster Anlaß zu der Sorge bestand, daß auch Oberndorf eines Tages überfallen und ge-

plündert werden könne, entschloß sich der wackere Pfarrer, seine Barschaft und das Tafelsilber in eine Truhe zu geben und außerhalb der Stadt in seinem Pfarrgarten unter einem Baum zu vergraben. Als nach etwa sechs Wochen die Zeitläufte friedlicher geworden waren, ging er daran, die Truhe wieder auszubuddeln – doch da war nichts mehr! In schierer Panik und Verzweiflung pflügte der Geistliche wie ein Maulwurf seinen gesamten Garten um. Nichts! Es konnte eigentlich gar nicht anders sein: Irgend jemand mußte ihn beim Vergraben beobachtet und, kaum daß er den Garten verlassen hatte, »den

Vogel aus dem Nest genommen« haben. Doch zu seiner großen Erleichterung fand der Priester den Schatz schließlich doch, wenngleich ein gutes Stück vom alten Ort entfernt. Da er nichts vom Inhalt vermißte, konnte es sich nun aber kaum um einen irdischen Schabernack gehandelt haben, den ein Spaßvogel mit dem armen Pfarrer getrieben hatte. Als einzige Erklärung für das eigentlich unerklärliche Phänomen blieb für Meister Keufelin und Graf Froben Christoph, daß hier ein Geist seine Hände (oder was auch immer) im Spiel hatte. Genauso, wie Jahre später auf Burg Falkenstein.

Die Episode vom Donautal freilich hatte noch ein Nachspiel, denn als Graf Gottfried Werner, der Erbonkel, der Froben Christoph adoptiert hatte, von der Sache Wind bekam, war er, wie man heute sagen würde, stinksauer auf seinen Neffen und argwöhnte, dieser habe in Wirklichkeit schon jetzt nach den Vermögensverhältnissen des alten Grafen geforscht. Dies war ihm fast nicht mehr auszureden. Der so Gescholtene kommentierte es in seiner Chronik lapidar mit der Bemerkung: »... hätte der Sorge gleichwohl nicht bedurft, denn es wußte jedermann um des alten Herrn Tun und Lassen.«.

Immerhin ging der junge Graf nun, angesichts der drohenden Enterbung, vorsichtiger zu Werke und ließ sich seine nächste Schatzsuche vom Onkel förmlich genehmigen. Mit Einwilligung von Gottfried Werner kroch er dann zusammen mit einem Meßkircher Bürger auf der Suche nach versteckten Schätzen durch die Höhlen des Donautals – und da gibt es viele –, »mit großer Gefahr ihres Lebens«, doch fündig ist er auch da nicht geworden. Er habe dort, schreibt er »alles im Grunde als Betrug gefunden«. Oder hat auch hier der Geist vom Falkenstein sein Spielchen mit den beiden Schatzsuchern getrieben?

Allen fehlgeschlagenen Versuchen zum Trotz findet sich auch heutzutage immer mal wieder jemand, der es besser weiß, und, nun natürlich hochmodern ausgerüstet, bewaffnet mit einem Metalldetektor, die Suche nach dem Schatz auf dem Falkenstein wieder aufnimmt – in aller Heimlichkeit natürlich, versteht sich.

Die Geister von Burg Wildenstein

Zweihundert Meter über dem Tal der jungen Donau liegt auf einer mächtigen Felswand die Burg Wildenstein, eines der wenigen Ritternester, das im Lauf seiner über 900jährigen Geschichte nie von Feindeshand erobert worden ist. Wer staunend vor der imposanten, festungsartigen Anlage steht und den Blick auf die zwei ehemaligen Zugbrücken richtet, wundert sich über diese Tatsache nicht, obwohl sie nur die halbe Wahrheit sagt. Zwar war die von den Grafen von Zimmern Anfang des 16. Jahrhunderts mit enormem finanziellen Aufwand zu ihrer heutigen Größe ausgebaute Burg tatsächlich sowohl im Bauernkrieg als auch im Schmalkaldischen Krieg ein unüberwindliches Bollwerk für die Angreifer, die denn auch jedesmal schon nach kurzer Zeit ernüchtert kehrt machten und sich an anderen Adelssitzen schadlos hielten. Doch Tatsache ist auch, daß spätestens seit Mitte des 16. Jahrhunderts der Wildenstein seine strategische Bedeutung verloren hatte und sich schlicht und einfach niemand mehr der stolzen Burg wegen ein Scharmützel aufladen wollte. Man ließ die Festung ganz einfach links liegen und konzentrierte sich auf strategisch bedeutsamere Ziele.

Doch gerade dieser Tatsache verdanken wir eine zumindest in Teilen noch fast ursprüngliche Burganlage aus dem späten Mittelalter, deren Konstruktion jedem Besucher, ob fachkundig oder nicht, Bewunderung für das gewaltige Bauwerk und die Leistung der Erbauer abnötigt.

Interessant ist aber auch ein kurzer Abstecher in die (durch schroffe Felsabstürze allerdings nicht ganz ungefährliche) Umgebung des Wildenstein, denn hier finden sich, teils von Gestrüpp überwuchert und durch Bäume verdeckt, teils auf einsamen Felsnadeln mit dem Stein eine Einheit bildend, noch zahlreiche weitere und wesentlich ältere Vorgängerburgen des Wildenstein, manchmal vielleicht auch nur Reste von Wach- oder Wohntürmen. Abenteuerliche Konstruktionen, die man auf wenigen Quadratmetern Grundfläche in die Höhe gezogen hat, präsentieren sich hier dem Betrachter: die Reste von Altwildenstein, Oberwildenstein, Unterwildenstein, dem Hexenturm und weitere Ruinen, deren Funktion und Bedeutung noch lange nicht endgültig erforscht sind.

Ob eine davon die Vorgängerburg war oder ob die »Wilden von Wildenstein«, die hier lange vor den Grafen von Zimmern geherrscht und gehaust haben, einfach eine Reihe von Wachtürmen um ihre zunächst kleinere Kernburg gezogen haben, ob womöglich bei einem Erdbeben eine Burg zerstört und später einige Meter daneben die Nachfolgeburg errichtet worden ist, das sind Fragen, die sich heute trotz modernster Untersuchungsmethoden nur noch schwer klären lassen. Das Dunkel der Geschichte breitet sein Geheimnis darüber und gibt der unheimlichen Szenerie im Wald unterhalb der großen Burg vor allem dann, wenn allmählich die Dämmerung hereinbricht, einen ganz besonderen Reiz.

Richtig kribbelig kann's einem werden, wenn man sich dann an die Sagen erinnert, die sich um den Wildenstein und seine früheren Besitzer ranken, beispielsweise an die Erzählung vom bösen Ritter Heinrich und seinem noch böseren Knappen Wolf.

Folgendes soll sich irgendwann im 13. Jahrhundert, in der Blütezeit von Adel und Rittertum, zugetragen haben: Hier herrschte also, wie gesagt, Ritter Heinrich von Wildenstein, ein – nomen est omen – sehr wilder und jähzorniger Mann. Aber damit nicht genug, der Unhold hatte noch einen Knappen namens Wolf, den die Sage als besonders heimtückisch und verschlagen beschreibt. Lange Zeit kamen die beiden gut miteinander aus. Eines bösen Tages jedoch hatte der Ritter wieder einmal einen seiner Wutanfälle und muß, Gift und Galle spukkend, regelrecht randaliert haben. In seiner zügellosen Wut geschah es dann, daß er dem Knappen seinen Jagdspeer in den Bauch rammte und diesem eine schwere Verletzung zufügte, an der Wolf lange zu leiden hatte. Im Krankenbett schon sann dieser auf Rache, ließ sich jedoch äußerlich nicht das Geringste anmerken und tat, als habe er dem Wüterich vergeben.

Die Zeit verging, und scheinbar waren die Dinge wieder im Lot, da veranstaltete Ritter Heinrich eine große Jagdgesellschaft, an der sich, wie üblich, auch das gesamte Gesinde als Treiber beteiligen mußte. Auf dem Wildenstein blieb nur der Knappe Wolf zurück, der nach seiner schweren Verwundung körperlich noch immer nicht so weit wiederhergestellt war, daß er sich schon einen Ausritt hätte zumuten dürfen. Kaum waren die Jäger im Wald verschwunden, zog Wolf die Zugbrücke hoch und kappte danach die Ketten, so daß die Brücke mit einem Schlag in die Tiefe sauste und unten im Burggraben zerschmettert wurde. Danach schnappte er sich eines der beiden Kinder des Wildensteiners, die den Auszug der Reiter verfolgt hatten und schleuderte das jämmerlich schreiende Kind in den Abgrund.

Durch das Zerbersten der Brücke und den noch weithin hörbaren Todesschrei des Kindes alarmiert, machte die Gesellschaft kehrt. Der von den merkwürdigen Geräuschen zutiefst beunruhigte Ritter kehrte im Galopp zum Wildenstein zurück. Doch vor der Burg sah er die Bescherung: Die Zugbrücke gab es nicht mehr und somit auch keine Möglichkeit, ins Innere des Gebäudes zu gelangen. Da tauchte mit einemmal der Knappe auf und rief dem verzweifelten Ritter mit höhnischer Stimme zu: »Das ist meine Rache für das, was du mir angetan hast!«

Es folgte ein teuflisches Gelächter, das dem entsetzten Vater das Blut in den Adern gefrieren ließ. Doch es kam noch schlimmer: Der Knappe zerrte den zweiten Sohn herbei und stieß auch ihn in die gähnende Tiefe. Kaum war dies geschehen, folgte auch schon die himmlische Strafe für die schändliche Tat: Ein Blitzstrahl zuckte aus den Wolken und schlug in einen der Türme ein, der daraufhin krachend zusammenstürzte und den bösen Knappen unter sich begrub. Wundersamerweise – berichtet die Sage – ist aber den in die Tiefe geschleuderten Kindern nichts passiert; sie wurden beide von einem Gestrüpp

am Fuß des Burggrabens aufgefangen und waren so völlig unversehrt, als der verzweifelte Ritter Heinrich nach seinen beiden vermeintlich zerschmetterten Kindern suchte.

Nachts aber hört man ab und an ein merkwürdiges, jammervolles Geheul durch die Mauern ziehen: Das ist die Stunde, in der der Geist des bösen Knappen auf dem Wildenstein erscheint und sich den Betrachtern zeigt, zweifelsfrei als derjenige identifizierbar, der versucht hat, die beiden Kinder des Ritters ums Leben zu bringen. Denn aus einer Wunde am Bauch sickert Blut, aus der Wunde, die ihm zu Lebzeiten Heinrich von Wildenstein zugefügt hatte.

Eine weitere schauerlich Erzählung rankt sich um den nur ein paar hundert Meter vom Wildenstein entfernten Hexenturm. Von ihm kann man heute noch, etwas Ortskenntnis und gutes Schuhwerk vorausgesetzt, spärliche Reste erkennen, doch ohne Bergsteigerausrüstung schafft es niemand, den Fuß auf die alte Ruine zu setzen. Abenteuerlich klebt das, was vom Turm noch übrig ist, auf einer hohen, spitzen Felsnadel, und man kann fast nicht glauben, daß es im Mittelalter Leute gegeben hat, die mit den spärlichen Hilfsmitteln ihrer Zeit in der Lage waren, auch nur einen Stein hier hinaufzutransportieren, zumal sich das Gelände ringsum auch heute noch derart unwegsam präsentiert, daß jedermann zufrieden ist, wenn er, ohne auszurutschen, an den Fuß des Hexenturmfelsen gelangt.

In der Zeit vor 1400 aber hat es eine Holzbrücke gegeben, die den Zugang zum Hexenturm bildete. Nachdem der Turm zunächst wohl als Ausguck und strategische »Frühwarnstation« gedient hat, wurde er im Lauf der Jahre zum Gefängnis der Burgherren umfunktioniert – ein idealer Ort, um jemanden festzusetzen, denn es war ein Kinderspiel, den einzigen Zugang zu bewachen. So wurden denn in den finsteren Zeiten der beginnenden Hexenverfolgungen hier auch immer wieder Frauen gefangengehalten, die man der Hexerei und des Bundes mit finsteren Mächten beschuldigte, bis ihnen der Prozeß ge-

macht werden konnte. Einst war es wieder einmal soweit: Gleich mehrere Frauen hatten bei Wasser und Brot in dem schauerlichen Verließ geschmachtet, und nun war der Tag gekommen, wo sie in Ketten zur Gerichtsverhandlung abgeführt werden sollten. Gerade hatte man sie auf die hölzerne Brücke gebracht, als ein Blitz in die Brücke einschlug und sie in Brand setzte, worauf das Bauwerk samt den unglücklichen Frauen in die Tiefe sauste. Einige hatten rechtzeitig in den Turm zurückweichen können. Doch der Blitzschlag hatte das Holzfachwerk des Turmaufbaus in Brand gesetzt, und deshalb gab es auch für sie keine Rettung: Die angeblichen Hexen waren gefangen in einer brennenden Falle. Seit dieser Zeit aber wird das unheimliche Gemäuer, das nie wieder aufgebaut wurde, Hexenturm genannt, und an manchen Abenden vernimmt der verängstigte Spaziergänger ein jämmerliches Geheul, das von der Spitze der Felsnadel zu kommen scheint, auf der einst die Frauen auf so tragische Weise ums Leben kamen.

Aller schlechten Dinge sind drei, und deshalb gibt es noch eine dritte Gespenstererzählung vom Wildenstein, allerdings dieses Mal eine weniger greuliche, dafür eine, die der in diesem Buch mehrfach erwähnte Graf Froben Christoph von Zimmern in seiner berühmten Chronik derer von Zimmern auf eben jener Burg Wildenstein niedergeschrieben hat. Das Ereignis datiert im Jahr 1483, also rund 80 Jahre, bevor es zu Papier gebracht wurde, und spielt in der Familie des Chronisten. Der damalige Herr der Burg Wildenstein, Graf Werner von Zimmern, lag im Sterben, und als ihm allmählich bewußt wurde, daß es mit ihm unwiderruflich zu Ende ging, da schickte der alte Schwerenöter, der sich zu besseren Zeiten so manches Bubenstück geleistet hatte, nach einem Priester, um seine Sünden zu beichten.

Die Litanei wurde lang und länger, die Miene des Beichtvaters immer bedenklicher und die Liste der zur Erlösung von den Sünden zu betenden Bußen größer und größer. Doch der alte Graf hielt wacker zu seinem Entschluß und betete in seinen letzten Stunden einen Rosenkranz nach dem anderen. Aber mit der Zeit merkte er, daß er von Gebet zu Gebet schwächer wurde, und ihm wurde klar, daß er es nicht mehr schaffen würde, die Bußgebete noch vor seinem Hinscheiden zu Ende zu bringen. So rief er nach seiner Gemahlin Margret und bat sie, nach seinem Ableben die restlichen Bußgebete für ihn zu sprechen, auf daß sein Geist Ruhe finde und er in Gnaden vom ewigen Richter aufgenommen werden könne. Die Gräfin versprach's, und bald entschlummerte Werner von Zimmern sanft und beruhigt.

Kaum hatte man den Toten nun in der Familiengruft derer von Zimmern im nahen Meßkirch standesgemäß beigesetzt, zog die Witwe mit ihren Kindern zurück auf den Wildenstein und absolvierte in der dortigen Burgkapelle, wie versprochen, die restlichen Bußgebete. Das war immerhin noch so viel, daß sie mehrere Tage dazu gebraucht haben soll, doch die treue Seele hat Wort gehalten und tapfer für den Dahingeschiedenen gebetet, was das Zeug hielt. Endlich war sie fertig – und das wohl im doppelten Wortsinn. Sie zog sich darauf in ihre Kammer zurück, die ihr seliger Gemahl einige Jahre zuvor für sie erbaut hatte, nahm den vierjährigen Sohn Veit Werner mit sich und ließ nun zunächst das Kerzenlicht noch etwas brennen.

Kaum lag sie jedoch in ihrem Bett, da trat, obwohl die Zimmertür gut verschlossen war, eine Gestalt in den Raum, die dem verstorbenen Grafen Werner ähnlich sah, gerade so, als wäre dieser von den Toten auferstanden. Auch der kleine Veit erkannte in dem Gespenst sofort seinen verstorbenen Vater. »Derhalben aus kindlicher Weis ihm nit gefürcht«, heißt es in der Chronik, »sondern ihn angeschrien und ihm etlich mal ›Herr Ähni‹ geruft, darum ihn seine Frau Mutter beschwerlich hat stillen mögen.«

Weil es aber zu der Zeit recht heiß gewesen sei, schreibt der Chronist weiter, hätte die Witwe die Hand auf die Bettdecke gelegt gehabt. Doch als sie die Hand vor lauter Schreck lieber schnell unter die Decke bringen wollte ob der unheimlichen Begegnung, da konnte sie die Hand »nit gebrauchen noch auch unter die Decke bringen«. Nachdem die Gestalt des alten Grafen eine Weile in der Kammer hin und her geschwebt sei, habe sie sich schließlich dem Bett genähert, in dem sich die bibbernde

Gräfin Margret zur Ruhe gebettet hatte, und ergriff ausgerechnet die rechte Hand der Gräfin, die von ihr zuvor nicht hatte unter die Decke gebracht werden können.

Fast schien es, als wolle der Geist des Verblichenen Dank wegen der so tapfer gesprochenen Bußgebete sagen. Doch Gräfin Margret geriet in Panik und begann ein gewaltiges Geschrei. Das wiederum scheint dem Gespenst ins Gemüt gefahren zu sein, denn »da fuhr das Gespenst oder der Genius durch ein groß steinen Kamin, das in der Kammer war, aus, mit eim lauten Getös und mit feurenden, brinnenden Gnaisten und Funken. Frau Margret hat dieselbig Nacht wenig Ruh mehr gehabt«, denn gleich schwoll die Hand, die das Gespenst berührt hatte, an, und es hat offenbar vieler Arzneien und der ganzen ärztlichen Kunst bedurft, bis die Hand »zuletzt mit Mühe geheilt worden«.

Das also war der Dank des Grafen Werner dafür, daß seine Gemahlin ihm die Bußgebete abgenommen hatte und er schließlich erlöst worden war. Doch die Geschichte geht noch weiter. Nach dem wahrhaft gespenstischen nächtlichen Erlebnis nämlich »hat Frau Margret etliche Mal gegen abends zu Wildenstein in der Kapell für Herrn Werner gebetet, da hat zu Zeiten etwas mit Steinen nach ihr geworfen, aber doch sie nit getroffen«. Also zu allem Übel auch das noch!

Doch seit dieser Zeit hat sich der Geist des Werner von Zimmern nicht mehr auf seiner Burg blicken lassen, zumindest ist kein Erlebnis dieser Art mehr berichtet worden. Den Kamin freilich, durch den er seinerzeit mit »Gnaisten und Funken« wieder ausgefahren ist, gibt es heute noch, er ist sogar noch in Betrieb, nach 500 Jahren! Und – so wird glaubhaft versichert – er »zieht« ausgezeichnet. Kein Wunder also, daß er vom Gespenst sozusagen als bequemer Aufzug in himmlische Sphären benutzt worden ist!

Eine Rundfahrt zu den spukverseuchten Gemäuern

Vielleicht haben Sie ja bei der einen oder anderen Geschichte Lust bekommen, den Ort des Geschehens einmal näher unter die Lupe zu nehmen, ja, sich selbst an die gespenstischen Plätze zu wagen. Die folgende Routenbeschreibung verbindet alle 26 Ziele. Natürlich handelt es sich bei der Wegführung nur um einen von vielen denkbaren Vorschlägen. Hinter dem Ziel ist jeweils in Klammern die Etappenlänge angegeben, das heißt die Strecke vom vorhergehenden zu diesem Ziel, einschließlich der zu Fuß zurückzulegenden Strecken. Hie und da wird auf Sehenswürdigkeiten am Rande verwiesen, ohne jeden Anspruch auf Vollständigkeit.

Die folgende Beschreibung ist in erster Linie so gedacht, daß Sie sich ein Teilstück herausgreifen, das Sie interessiert oder das in Ihrer Nähe liegt. Denken Sie daran, daß man von den meisten Burgen eine gute Aussicht genießt, wählen Sie also möglichst einen Tag mit klarem Wetter. Die Gesamtstrecke der Rundfahrt sowie der Fußwege beträgt 1151 Kilometer; wenn Sie der ganzen Tour folgen wollen, sollten Sie dafür mindestens fünf Tage einplanen.

Schloß Bronnen (8 km)

Die Rundfahrt beginnt, wie die Spukgeschichten, auf Schloß Bronnen und endet auf dem Wildenstein. Um den Kreis zu schließen, hier zunächst die Anfahrt von Wildenstein nach Bronnen:

Die Stichstraße, die zum Wildenstein führt, fahren Sie zurück nach Leibertingen; dort biegen Sie rechts ab (Schild: »Beuron, Buchheim«) und bei der nächsten Gabelung wieder rechts (»Beuron«). Nach etwa 4 km stoßen Sie auf eine Querstraße, in die Sie nach links einbiegen (»Stockach, Buchheim«). Es geht bergab, bis man nach etwa 500 m ein Tal erreicht hat. Dort knickt ein kleiner, unbeschilderter Weg scharf nach rechts ab, den man einschlägt. Nach 100 m ist dieser Weg gesperrt; davor können einige wenige Autos geparkt werden. Nun geht es zu Fuß weiter (ca. 1300 m), den gesperrten Weg entlang, bis man ein Gehöft sieht und in einer Rechtskurve bei einer Garage oder einem alten Pförtnerhäuschen nach links ein kleiner Weg abzweigt. Auf diesem kommen Sie direkt zum Schloß.

Der »Schwäbische Alb-Südrand-Weg«, Hauptwanderweg 2 des Schwäbischen Albvereins führt von Burg Wildenstein zum Schloß Bronnen (6 km) und weiter zur Ruine Kallenberg (9 km, siehe unten).

Bronnen sitzt sehr imposant auf einem vorgelagerten Bergkegel. Das Schloß befindet sich in Privatbesitz; es ist in gutem Zustand, kann jedoch nicht besichtigt werden.

Ruine Kallenberg (10 km)

Von Schloß Bronnen gehen Sie zunächst zurück zur Straße. Bei der Waldweg-Ausfahrt geht es nach rechts weiter; folgen Sie der Straße nun bis Buchheim. Dort zweigen Sie nach rechts ab (Schild »Tuttlingen, Fridingen«). Auf dem ersten ausgeschilderten, sehr kleinen Parkplatz stellen Sie Ihr Fahrzeug ab. (Gesamte Fahrtstrecke: 7 km.)

Von hier aus führt ein kaum zu erkennender Pfad in den Wald (kleines Schild: »Ruine Kallenberg, Donautal«), der nach 100 m auf drei geschotterte Wege stößt. Sie wählen den mittleren, der zunächst eben ist und geradeaus führt, dann eine Rechtskurve beschreibt und sich bald darauf gabelt (Kruzifix). Hier gehen Sie nach links hinunter (Schild: »5«). Nach vielleicht 400 m hat man nach rechts einen schönen Blick auf Schloß Bronnen, und halblinks sieht man schon den Turm der Ruine Kallenberg durch den Wald blitzen. Hier zweigt rechts ein kleinerer Weg ab, den Sie einschlagen. Nach weiteren 200 m stoßen Sie auf ein Wach- oder Unterstehhäuschen und etliche Schilder, die Wanderwege bezeichnen. Von hier sind es noch 200 m bis zur Ruine. (Gesamte Strecke zu Fuß ca. 1,5 km.)

Von Buchheim (5 km) oder Schloß Bronnen (9 km) kann man auch zur Ruine Kallenberg wandern.

Insbesondere der Bergfried der Burg ist gut erhalten. In der Ruine (Verfall erst ab dem 19. Jahrhundert, 1911 Wandeinsturz durch ein Erdbeben) herrscht eine geheimnisvoll-romantische Atmosphäre.

Ruine Pfannenstiel (14 km)

Gehen Sie den oben geschilderten Weg zurück zum Parkplatz und folgen Sie weiter der Straße (vom Parkplatz aus nach rechts einbiegen). Nach 3,5 km Fahrt stoßen Sie auf eine Querstraße, in die Sie nach rechts (Schild: »Fridingen«) einbiegen. (Nach links ginge es übrigens zu dem sehenswerten Freilichtmuseum Neuhausen ob Eck.) In Fridingen überqueren Sie die Donau, folgen der Hauptstraße (»Sigmaringen, Albstadt«) und biegen dann rechts ab (»Sigmaringen, Beuron«).

Die Straße führt auf den Knopfmacherfelsen, von dem aus man einen grandiosen Blick aufs Donautal hat (Schild »Aussicht«). Sie setzt sich als Allee fort und führt zu einer mit vielen Schildern versehenen Kreuzung. Suchen Sie hier eine Parkmöglichkeit. (Gesamte Fahrtstrecke ca. 11 km.) Ein paar Meter vor der Kreuzung führt links ein unbeschilderter Weg steil nach oben, der vier, fünf Meter weit asphaltiert ist und dann in einen relativ ebenen Waldweg übergeht, der mit einer gelben Raute markiert ist. Auf ihm erreichen Sie nach etwa 1 km die Ruine Pfannenstiel.

Da jede Beschilderung fehlt, der Pfad immer unwegsamer wird und man sich zur Ruine auch noch einen steilen Hang hochkämpfen muß, braucht man für diesen Abstecher schon ein wenig Kondition und Pfadfindergeist. Belohnt wird man mit dem Anblick eines verwunschenen Gemäuers, das die Phantasie anregt und Raum zum Träumen läßt.

Tuttlinger Fruchtkasten (27 km)

Von Pfannenstiel gehen Sie zurück zur Straße und fahren nun Richtung Bärenthal (an der Kreuzung beschildert). Unten im Tal biegen Sie nach links ab (»Tuttlingen, Stockach«) und folgen der Straße durch das Bära- und das Donautal bis Tuttlingen. Dort biegen Sie nicht ins Zentrum ab, sondern fahren geradeaus (»Donaueschingen, Rottweil«) bis zum Bahnübergang, wo Sie links in ein Sträßchen einbiegen (»Parkplatz Festplatz Donauspitz, Parkplatz Mühlau-Sporthalle«) und dann Ihr Fahrzeug abstellen. Auf dem Steg überqueren Sie dann die Donau, biegen links in die Weimarstraße, nach 50 m rechts in die Gartenstraße, gleich wieder links in die Donaustraße, und hier sehen Sie auch schon den ehemaligen Fruchtkasten (Donaustraße 50), ein riesiges, olivgrünes Gebäude mit schwarz-gelb gestreiften Fensterläden.

»Fruchtkasten, erbaut 1805/1806 in der Gegend des beim Stadtbrand zerstörten herzoglichen Fruchtkastens von 1582. Ausgebaut 1935/36. Seit 1980 Heimatmuseum und Heimatarchiv«, belehrt eine am Haus angebrachte Tafel. Das Heimatmuseum hat geöffnet: Dienstag 14 bis 17, Donnerstag 16 bis 19, Samstag 10 bis 13, Sonntag 14 bis 17 Uhr.

Hohenkarpfen (13 km)

Von der Stichstraße, die zum Parkplatz am Tuttlinger Donauspitz führt, biegen Sie nach links über die Eisenbahngleise in die Durchgangsstraße ein. An der Ampel geht es geradeaus (B 523, Schild »Autobahn, Villingen-Schwenningen«), nach etwa 5 km rechts (»Trossingen, Seitingen-Oberflacht«). Nun sieht man aus der Ferne schon den Hohenkarpfen mit seiner markanten Kegelform. In Seitingen folgen Sie nicht der nach links abknickenden Hauptstraße, sondern fahren geradeaus (»Kunstmuseum Hohenkarpfen«). Kurz nach dem Ortsausgang biegen Sie rechts in einen unscheinbaren Weg ein (»Hofgut Hohenkarpfen«, an Sonn- und Feiertagen gesperrt); wo sich dieser verzweigt, fahren Sie links. Nach 2 km Anstieg erreichen Sie einen gut ausgebauten Parkplatz. (Gesamtfahrstrecke 12 km.) An den ansprechenden Gebäuden vorbei, in denen die Kunststiftung Hohenkarpfen sowie Hotel und Restaurant »Hofgut Hohenkarpfen« untergebracht sind, gelangt man auf einem Fußpfad bei guter Kondition in einer Viertelstunde auf den 912 m hohen Gipfel des Berges.

Die wenigen Reste der im 17. Jahrhundert abgebrannten Burg sind mittlerweile völlig überwuchert. Der Rundweg auf dem Plateau (im Zuge der einstigen Ringmauer) bietet jedoch einen einmaligen Ausblick: zum Hohenlupfen und über die Baar, zum Albtrauf mit dem Dreifaltigkeitsberg, dem Klippeneck und dem Lemberg, ins Eltatal mit der Ruine Konzenberg. Der Höhenunterschied gegenüber Tuttlingen beträgt immerhin 267 Meter.

Übrigens kann man den Hohenkarpfen, das »Matterhorn der Baar«, auch auf dem Wanderweg »Main–Neckar–Rhein« des Schwäbischen Albvereins erreichen.

Hohenkrähen (59 km)

Fahren Sie zunächst zurück zur Straße und biegen Sie unten nach rechts ab. Sie erreichen Gunningen, bleiben zunächst auf der Hauptstraße Richtung Trossingen und biegen kurz vor Ortsende nach links in eine kleinere Straße ab (Schild: »Durchhausen«). In Durchhausen stoßen Sie auf eine Querstraße, in die Sie nach rechts einbiegen (»Trossingen«). Sie kommen nach Schura, wo Sie gleich nach dem Ortsanfang wieder auf eine Querstraße treffen. Hier geht es links (»Autobahn, Donaueschingen«). Nun folgen Sie den Schildern zur Autobahn und biegen Richtung Singen auf die A 81 ein. Beim Autobahnkreuz Singen wechseln Sie auf die B 33 Richtung Mühlhausen-Ehingen. Nach wenigen hundert Metern zweigen Sie rechts ab (»Aach, Mühlhausen-Ehingen, Parkplatz Hohenkrähen«). Dann geht es sofort wieder rechts (»Autobahn, Singen«) und noch einmal rechts auf den Parkplatz. Die gesamte Fahrtstrecke beträgt 56 km. Der Hohenkrähen türmt sich nun schon vor Ihnen auf. Sie gehen durch die Unterführung, die in einem Halbkreis endet, dann rechts und sofort wieder rechts einen geteerten Weg hoch. Nach etwa 50 m sehen Sie auf der rechten Seite, halb im Wald, eine Tafel »Naturschutzgebiet«. Hier führt ein unbeschilderter Trampelpfad in den Wald hinein, auf dem Sie in ungefähr einer halben Stunde den Gipfel des Hohenkrähen erreichen.

Während von der Burg nur wenige Reste zu sehen sind – sie wurde 1512 vom Schwäbischen Bund zerstört, in den folgenden Jahren wiederaufgebaut und

1634 vom Hohentwieler Kommandanten Konrad Widerholt endgültig niedergebrannt; die Ruine wurde 1963 gesichert –, ist die Aussicht von hier oben über den Hegau und zum Bodensee um so lohnender. Pfadfinder haben auf dem Gipfel ein Jugendhaus gebaut.

Balm (40 km)

Vom Parkplatz beim Hohenkrähen aus fahren Sie nach rechts auf die B 33 Richtung Singen und kommen so auf die A 81 Richtung Schaffhausen. Nach 11 km endet die Autobahn bei Gottmadingen und stößt auf die B 34, in die Sie nach rechts Richtung Schaffhausen einbiegen. Nach 2 km haben Sie die Schweizer Grenze erreicht (Paß oder Personalausweis nicht vergessen!). Auf Schweizer Gebiet setzt sich die Bundesstraße in einer Kantonalstraße fort, für die keine Vignette erforderlich ist. Folgen Sie nun den Schildern »Transit« und in Schaffhausen den Wegzeigern »Freiburg i. Br., Rheintal, Basel«. In Neuhausen gabelt sich die Straße; Sie wählen die Kantonalstraße 4 (»Zürich«) und erreichen nach wenigen Kilometern die deutsche Grenze. Von hier geht es auf der B 27 (»Zürich«) weiter. Einige Kilometer weiter biegen Sie nach rechts ab (»Lottstetten, Balm«), an der Querstraße wieder rechts (»Jestetten, Balm«), nach 100 m wieder rechts (»Balm«) und gleich wieder links (»Balm«). Etwa 1 km weiter erreichen Sie Balm, ein Ortsteil von Lottstetten.

Von der 1449 zerstörten Burg ist heute nichts mehr zu sehen. Glaubt man den Dorfbewohnern, so stand sie unterhalb des Restaurants »Schinderhannes«, das man gleich sieht, wenn man zum Ort hineinfährt, am Mühleweg, dem zweiten Weg links, der zum Rhein hinunterführt, in dem man hier sommers sogar baden kann.

Daß das deutsche und das schweizerische Gebiet hier miteinander verzahnt sind wie zwei Puzzlesteine, hat übrigens auch mit Balm zu tun, genauer: mit den Grafen von Sulz. Die ständigen Auseinandersetzungen mit ihnen bewogen Schaffhausen, sich immer enger an die Eidgenossenschaft anzuschließen.

Seedorf (133 km)

Diese Etappe führt weder auf dem kürzesten noch auf dem schnellsten, dafür wahrscheinlich auf dem schönsten Weg nach Seedorf, das zwischen Schramberg und Oberndorf im Schwarzwald liegt.

Von Balm zunächst zurück auf die Bundesstraße: Dazu folgt man im Ort dem Schild »Lottstetten« und biegt, wenn man die Anhöhe erreicht hat, rechts und gleich noch einmal rechts ab (nicht beschildert!). Auf der B 27 fahren Sie nun in Richtung Schaffhausen bis Jestetten und biegen dort links ab (»Waldshut-Tiengen, Dettighofen«). Etwa 1 km hinter Grießen stoßen Sie auf die B 34, in die Sie nach rechts einbiegen (»Waldshut-Tiengen«). Sie erreichen Tiengen, wo Sie in eine kleine Straße nach rechts Richtung Bonndorf abzweigen. Sie führt steil nach oben und erweckt nicht den Anschein, eine Durchgangsstraße zu sein. Der nächste Ort heißt Detzeln.

Man fährt nun das Steinatal hinauf, wo etwa 17 km hinter Tiengen auf der rechten Seite im Wald zwei Ruinen zu sehen sind: die Reste von Burg Roggenbach und Burg Steinegg. Bei dem Weiler Steinasäge stoßen Sie auf eine Querstraße, in die Sie nach rechts Richtung Bonndorf einbiegen. In Bonndorf selbst zweigen Sie nach rechts ab auf die B 315 (»Schaffhausen, Stühlingen«) und nach einigen hundert Metern nach links (»Donaueschingen, Wutach«). Nach 23 km erreichen Sie die B 31 und fahren rechts (»Donaueschingen«), nach ein paar hundert Metern wieder links auf die B 27 (»Donaueschingen«). Unmittelbar nach Überquerung der jungen Donau geht es rechts auf die B 31/B 33 (»Donaueschingen-Mitte, Singen, Tuttlingen, Geisingen«) und gleich noch einmal rechts (»Donaueschingen-Mitte«). In Donaueschingen folgen Sie der Beschilderung Richtung »Brigachtal«.

Die Straße bildet, wenn man so will, die Grenze zwischen Schwarzwald und Baar; nach Osten (rechts) hat man einen reizvollen Blick über die Baarlandschaft. Sie kommen nun nach Brigachtal und fahren weiter Richtung Villingen-Schwenningen. Wenn Sie den Villingen-Schwenninger Ortsteil Marbach erreicht haben, kenntlich an den vier landschaftsverschandelnden Dreieckshäusern oben auf dem Bergrücken, halten Sie sich rechts (»Autobahn, Donaueschingen, Offenburg«) und biegen gleich wieder links auf die B 33 ab (»Offenburg, Triberg, Sankt Georgen«). Hinter Mönchweiler schlagen Sie rechts die Straße nach »Schramberg, Königsfeld« ein. In Königsfeld fahren Sie weiter in Richtung Schramberg und kommen an der Ruine Waldau vorbei, deren Turm man sehr gut sieht. Es geht weiter bis Hardt, wo Sie nach »Freudenstadt, Oberndorf« beziehungsweise »Oberndorf, Schramberg-Sulgen« abzweigen. In Sulgen halten Sie sich Richtung »Rottweil, Oberndorf« und stoßen auf die B 462. Fahren Sie diese nach rechts in Richtung »Rottweil« und biegen Sie nach 20 m gleich wieder links ab (»Seedorf«).

In Dunningen-Seedorf selbst fahren Sie auf der Sulgener Straße in den Ort hinein, bis Sie auf die Hauptdurchgangsstraße (»Waldmössinger Straße«) stoßen; dort biegen Sie nach links ab und sehen nach vielleicht 150 m auf der linken Straßenseite einen Betonklotz mit Raiffeisenbank und Feuerwehrmagazin: das neue Seedorfer Rathaus. Daneben befindet sich das Gasthaus Lamm. Stellen Sie Ihr Auto ab und spazieren Sie hinter das »Lamm«. Sie finden dort ein neugebautes Haus mit Krüppelwalmdach und Garagenanbau. Nicht von ungefähr heißt die Straßenbezeichnung »Schloßhof« (ein Straßenschild fehlt leider), denn genau an dieser Stelle stand früher das Wasserschloß. Hinter dem Grundstück fließt die Eschach vorbei.

Weihermatten und Ruine Schlößle in Wolfach (38 km)

Direkt neben der Raiffeisenbank beziehungsweise dem neuen Rathaus von Seedorf biegt von der Hauptdurchgangsstraße, der Waldmössinger Straße, die Heiligenbronner Straße ab. Auf dieser kommen Sie nach Schramberg-Heiligenbronn, wo Sie auf eine etwas größere Straße stoßen, die Sulgen mit Waldmössingen verbindet. In diese biegen Sie nach rechts ein. Auf der Anhöhe nach dem Ort zweigen Sie nach links ab (»Aichhalden, Flugplatz«). In Aichhalden stoßen Sie wieder auf eine Querstraße; dort geht's rechts (»Freudenstadt, Alpirsbach, Rötenberg«). In Alpirsbach-Rötenbach erreichen Sie die B 294, die Sie nach links einschlagen (»Freiburg, Schenkenzell, Schramberg, Schiltach«) und auf der Sie bis Wolfach bleiben. In Wolfach halten Sie sich vor der Kinzigbrücke geradeaus (»Bad Rippoldsau-Schapbach, Oberwolfach, Krankenhaus«). Nach einigen hundert Metern im Tal des Flüßchens Wolf sehen Sie links die Büromöbelfabrik Hund; auf der rechten Straßenseite erstreckt sich das Wohngebiet Weihermatten. Zur Ruine gibt es nun zwei Wege, einen längeren, nur mäßig ansteigenden, und einen kürzeren, dafür aber steileren.

Den längeren erreichen Sie folgendermaßen: Wenn das Ortsendeschild von Wolfach und das Ortsschild von Oberwolfach in den Blick kommt, geht rechts bei einer Telefonzelle die Straße »Am Rothekreuzberg« ab. Am besten stellen Sie hier Ihr Fahrzeug ab. Sie gehen das Sträßchen hoch, lassen die Straße »An der Kanzel« links liegen und schlagen am Ortsende einen scharf nach links führenden

Weg ein, den Schlößleweg (nur für land- und forstwirtschaftlichen Verkehr frei). Nach vielleicht 2 km weist ein Schild »Weiherloch« auf den Gewann-Namen hin. Einige hundert Meter weiter sehen Sie links am Boden eine Bronzetafel, auf der die Geschichte der Burg geschildert wird: »Burg Wolva, eine der ältesten des Schwarzwaldes, Schlößle genannt. (...) Mit dem Ausbau des Stadtschlosses dem Zerfall überlassen und zum Abbruch freigegeben. Letzte Reste (...) 1978/79 freigelegt, gefestigt und für die Zukunft gerettet.« An dieser Tafel zweigt rechts der »Burgeckweg« ab, der zur Ruine führt.

Wenn Sie lieber den kürzeren Weg gehen, fahren Sie die Straße weiter, nach Oberwolfach hinein, bis Sie auf der rechten Seite einen Ladenpavillon der Firma Armbruster sehen (Parkmöglichkeit). Danach zweigt scharf rechts eine Straße ab, die Sie einschlagen (kein Straßenschild, aber Hinweisschilder »Ferienwohnung E. Decker, vor Burggraben 2« und »Polsteratelier Lehmann«. Sie mündet in den Schlößleweg, der Sie etwa 1 km durch den Wald zur oben beschriebenen Tafel führt.

Das auf der Tafel erwähnte Stadtschloß erreichen Sie, wenn Sie nach Wolfach zurückfahren und nun der B 294 über die Kinzig und durch den Ort folgen. Nach 200 m macht ein Torbogen, unter dem die Straße durchführt, auf das Schloß aufmerksam. Es geht zurück auf eine Tiefburg, die die Herren von Wolva um 1200 erbauen ließen, und beherbergt unter anderem ein Heimatmuseum (geöffnet Dienstag, Donnerstag und Samstag 14 bis 17 Uhr, an Sonn- und Feiertagen 10 bis 12 und 14 bis 17 Uhr). Der nächste Ort an der B 294 ist übrigens Hausach mit seinem berühmten Schwarzwälder Freilichtmuseum Vogtsbauernhof und der Ruine der mehrfach wiederaufgebauten, 1648 endgültig zerstörten Burg Husen.

Schloß Staufenberg (54 km)

Vom Parkplatz bei der Ruine »Schlößle« müssen Sie, um zu unserem nächsten Ziel zu gelangen, nicht nach Wolfach zurückkehren. Vielmehr folgen Sie der Straße, auf der sie schon von Wolfach in Richtung Oberwolfach gefahren sind, durch Oberwolfach und weiter in Richtung Schapbach, bis nach etwa 10 km links eine Straße nach Bad Peterstal-Griesbach abzweigt, die Sie einschlagen und die auf die Schwarzwaldhöhen (340 m Höhenunterschied) und wieder hinunter ins Renchtal führt. (Nebenbei: Sie könnten auch geradeaus weiter- und über Bad Rippoldsau auf den Kniebis fahren mit seiner schönen Aussicht und seinen Wandermöglichkeiten, dann links auf die Schwarzwaldhochstraße – Schild: »Straßburg« – und nach 2 km wieder links auf die B 28, wiederum Richtung Straßburg. In Bad Peterstal-Griesbach träfen Sie dann wieder auf die Hauptroute. Der Umweg beträgt 18 km.)

In Bad Peterstal-Griesbach biegen Sie nach links Richtung Straßburg auf die B 28. Der Bundesstraße folgen Sie bis Oberkirch. Kurz nach dem Ortsende von Oberkirch biegen Sie nach links ab (»Durbach«). Nun merken Sie: Sie haben den Schwarzwald verlassen; die Landschaft ist lieblich und ansprechend. Obstbäume, Rebfluren, Maisfelder, Wiesen, kleine Wälder und idyllische Fachwerkhäuser rücken zu gleicher Zeit ins Blickfeld. Auf einer Anhöhe geht es an einem Kapellchen vorbei und wieder hinunter ins Tal. Vielleicht 500 m nach der Bergkuppe weist Sie ein Schild »Schloß Staufenberg« nach rechts. Auf einem kleinen Fahrweg erklimmen Sie die Höhe und erblicken auch schon links das stolz thronende Schloß. Beim Schloß stehen Parkmöglichkeiten zur Verfügung.

Von der Terrasse des Schlosses, das im 11. Jahrhundert von den Zähringern erbaut wurde und sich jetzt im Besitz von Max Markgraf von Baden befindet, bietet sich ein zauberhafter Blick auf die Ortenau, und das »Markgräflich-badische Weingut Schloß Staufenberg« lädt zur Weinprobe und zum Weineinkauf ein (Weinstube von März/April bis November täglich 9 bis 18 Uhr, Weinverkauf in denselben Monaten Montag bis Freitag 8 bis 12 und 13 bis 17 Uhr, Samstag 9 bis 12 Uhr geöffnet).

Ruine Schauenburg (12 km)

Zunächst müssen Sie die Stichstraße zum Schloß Staufenberg bis zur Straße zurückfahren, in die Sie nach links einbiegen (nicht beschildert!). Sie kommen durch Bottenau; die Straße stößt auf die B 28; hier geht's rechts (»Freudenstadt, Oberkirch«), nach Oberkirch hinein, bis die Hauptdurchgangsstraße, die Appenweierer Straße, nach links und dann wieder nach rechts abknickt. Zwanzig Meter danach biegen Sie nach links in die Renchener Straße (»Rheinbischofsheim, Renchen«). Diese wiederum beschreibt sofort eine scharfe Linkskurve, wo Sie jedoch geradeaus fahren (»Gaisbach, Krankenhaus«). Folgen Sie jedoch dem Schild nach Gaisbach nicht weiter, sondern bleiben Sie auf der Franz-Schubert-Straße, die immer steiler wird und sich in der Burgstraße fortsetzt (Schild »Schloßwirtschaft«). Am Waldrand erwartet Sie ein Wanderparkplatz, von dem aus noch 800 m zur Ruine zu gehen sind. Es gibt auch einen Fahrweg, oben aber kaum Parkmöglichkeiten.

Die imposante Ruine, 397 Meter über dem Meer gelegen und damit 200 m höher als Oberkirch, sogar 250 m höher als die Ebene der Ortenau, bietet einen phantastischen Ausblick vor allem auf die Oberrheinische Tiefebene und nach Frankreich hinein. Das Schloß wurde um 1050 von den Zähringern erbaut. Die mächtige Anlage befindet sich jetzt im Besitz der Stadt Oberkirch, welche die Ruine in den Jahren 1974 bis 1989 sichern ließ. Das Gelände ist gut begehbar. Übrigens war Hans Jakob Christoffel von Grimmelshausen, Autor des »Abentheuerlichen Simplicissimus Teutsch«, des berühmtesten deutschen Barockromans, von 1650 bis 1661 Burgvogt auf Schauenburg.

Die angrenzende »Schloßwirtschaft Ruine Schauenburg« (mit Terrasse) hat Montag und Dienstag Ruhetag.

Mummelsee (30 km)

Von der Schauenburg geht's zunächst über die Burgstraße wieder gen Tal; am Straßenstern rechts in die Franz-Schubert-Straße, an deren Ende wieder rechts in die Renchener Straße (»Rheinbischofsheim, Renchen, Kappelrodeck, Ringelbach«) und nach 500 m nochmals rechts in die Ringelbacher Straße (»Kappelrodeck-Waldulm, Ringelbach«). Auf einer reizvollen Straße kommen Sie nach Waldulm; kurz vor dem Ortsende biegen Sie nach rechts ab (»Kappelrodeck«).

Zwischen Waldulm und Kappelrodeck können Sie einen Abstecher zum Schloß Rodeck unternehmen. In Kappelrodeck schließlich stoßen Sie auf eine Querstraße, die Sie nach rechts einschlagen (»Schwarzwaldhochstraße, Ottenhöfen«).

Sie kommen durch Ottenhöfen, wo, schon fast am Ortsausgang, vielleicht das nach rechts weisende Schild »Edelfrauengrabwasserfälle« Ihre Aufmerksamkeit auf sich zieht. An der Abzweigung sehen Sie das Hotel »Sternen«. Auf dem Bergsporn unmittelbar oberhalb dieses Gebäudes stand im Mittelalter die Burg Bosberg. Wie so viele Ritter, zog auch der hiesige auf einem Kreuzzug ins Heilige Land, und als er nach Jahren wiederkam, stellte sich heraus, daß ihm seine Frau nicht die Treue gehalten hatte. Der Ritter wurde daraufhin so wütend, daß er die Edelfrau samt den Kindern, die sie in der Zwischenzeit zur Welt gebracht hatte, in den nahegelegenen Wasserfällen einmauerte und so ums Leben brachte.

Die Burg wurde im Bauernkrieg zerstört. Heute sind noch meterhohe Reste erhalten, die jedoch vom Grundeigentümer, einem Landwirt, um 1900 mit Erde überschüttet wurden, um mehr Weidefläche zur Verfügung zu haben. Folgt man dem Schild zu den »Edelfrauengrabwasserfällen«, so kommt man zunächst durch einen Kies- und Schottersteinbruch und dann zu einem Wanderparkplatz, von dem aus die sehenswerten Wasserfälle mit ihren 180 Stufen in zwanzig Minuten zu erreichen sind. Folgt man den Wasserfällen bis auf den Berg, so muß man wegen des Höhenunterschieds von 400 Metern mit einer Gehzeit von drei Stunden (hin und zurück) rechnen.

Von Ottenhöfen fahren Sie weiter bergauf, durch Seebach (Internationales Volkskunst- und Trachtenmuseum, Ruhesteinstraße 9, Dienstag-, Mittwoch- und Sonntagnachmittag geöffnet; mittelalterliches Erzbergwerk »Silbergründle«) und Hinterseebach. Nach weiteren 5 km haben Sie die B 500, die Schwarzwaldhochstraße, erreicht, in die Sie nach links einbiegen (»Sand, Mummelsee«). Vorbei am Skilift Seibelseckle erreichen Sie nach knapp 4 km den Mummelsee.

Der in der letzten Eiszeit entstandene Karsee besticht durch seine herrliche Lage und sein tiefschwarzes Wasser. Der etwa drei Hektar große und bis zu 18 Meter tiefe Mummelsee ist der höchstgelegene See des Schwarzwalds (1036 m), die Hornisgrinde, die neben ihm aufragt, mit 1164 m der höchste Berg des Nordschwarzwalds. Sein Hochplateau, von dem aus man einen phantastischen Rundumblick hat, ist in einer guten halben Stunde zu Fuß zu erreichen.

Schon Grimmelshausen hat seinen Romanhelden Simplicissimus (siehe oben bei der Schauenburg) zum Mummelsee wandern lassen. Dieser Simplicissimus unternahm nun das Ungeheuerliche: Er warf Steine in den See, um zu prüfen, ob die Sage stimmt, daß dadurch ein Gewitter erzeugt wird. Aus der Tiefe tauchten daraufhin Sylphen auf, welche die Steine wieder an ihren ursprünglichen Ort plazierten und Simplicissimus mittels eines leuchtenden Steins zu sich locken. Der Stein ermöglichte es ihm, unter Wasser zu atmen wie ein Fisch und die Behausung der »Wasser-Männlein« zu sehen.

Heute ist der Mummelsee eine bekannte Touristenattraktion mit Busparkplatz, Berghotel und Souvenirständen. Wer will, kann ein Tretboot mieten und sich selbst auf den See wagen.

Ruine Neuwindeck in Lauf (20 km)

Vom Mummelsee fahren Sie auf der Schwarzwaldhochstraße weiter (»Baden-Baden, Unterstmatt«) und nehmen nach 3,5 km die Abzweigung nach links (»Achern, Sasbachwalden«). Von über 1000 m Höhe geht es steil hinunter auf etwa 140 m ü. M. Wie vom Flugzeug aus sieht man von Brandmatt auf die Landschaft um Achern und Renchen. Etwa 500 m nach dem Ortsende von Sasbachwalden biegen Sie nach rechts ab (»Lauf, Sasbach, Obersasbach«) und folgen der Beschilderung nach Lauf. In Obersasbach stoßen Sie auf eine Querstraße, die Erlenbadstraße, in die Sie nach rechts (»Lauf«) abzweigen. In Lauf selbst folgen Sie zunächst der Durchgangsstraße, die einen Bogen nach rechts und, bei der Kirche, wieder nach links beschreibt. Dann knickt sie scharf links ab; hier biegen Sie nach rechts in die Schloßstraße ein. Nach etwa 1 km zweigt links die Neuwindeckstraße ab, die Sie einschlagen. Nun sehen Sie die Ruine schon. Direkt unterhalb der Burg, am höchsten Punkt der Straße, stehen zwei, drei Häuser; es gibt jedoch kaum Parkmöglichkeiten. Von hier aus sind es nur noch ein paar Schritte bis zu der gut restaurierten Ruine.

Neuwindeck, das Laufer Schloß, stammt aus dem 13. Jahrhundert. Die

Burg bestand aus einem dreistöckigen Haupthaus, einem kleinen Wohngebäude, dem 20 m hohen Turm mit drei Verließen, den Ritterwohnungen und Stallungen. Nach dem Tod des letzten Windeckers 1592 verfiel das Gemäuer. Erhalten bzw. wiederhergestellt sind fast die kompletten Außenmauern sowie der Bergfried, der zugänglich ausgebaut, meist jedoch in halber Höhe verschlossen ist. Von hier aus hat man einen sehr schönen Ausblick in die Rheinebene.

Eine zweite Sehenswürdigkeit in Lauf ist das Weinmuseum »Alde Trotte«.

Burg Alt-Eberstein (32 km)

Auf der Neuwindeckstraße fahren Sie weiter, den Berg auf seiner anderen Seite hinunter. Nun müssen Sie dreimal links abbiegen, bis Sie auf dem Schafgartenweg einen Straßenstern erreichen. Hier biegen Sie nach rechts in die Schloßstraße ab. Unten in Lauf stoßen Sie wieder auf die abknickende Vorfahrtsstraße, in die Sie geradeaus hineinfahren (»Bühl, Ottersweier«). Nun folgen Sie der Beschilderung nach Bühl, das Sie auf der B 3 erreichen. Wenn Sie nach Neuwindeck auf die Stammburg Windeck (Altwindeck) sehen möchten, müssen Sie unmittelbar nach dem Ortsanfang von Bühl rechts abbiegen; der weitere Weg ist gut ausgeschildert. Zur Burg Alt-Eberstein jedoch bleiben Sie in Bühl auf der B 3 in Richtung Baden-Baden. 9 km hinter Bühl wechseln Sie nach rechts auf die B 500 (»Baden-Baden«, später »Baden-Baden Centrum«). In Baden-Baden fahren Sie zunächst Richtung Zentrum, halten sich aber links und folgen dann der Beschilderung in Richtung Gaggenau. Schließlich sehen sie ein Hinweisschild »Zum neuen und alten Schloß«, dem Sie in die Zähringerstraße folgen. Die Straße führt durch den Wald bergan; bei einer Gabelung biegen Sie links ab (»Pädagogium, Grundschule«) in die Straße »Hungerberg«. Kurz vor dem Ortsausgangsschild fahren Sie wieder links in Richtung Altes Schloß (»Schloßstraße«). Sie erreichen einen Parkplatz, den Sie benützen können, wenn Sie das Baden-Badener Alte Schloß besuchen möchten. Zur Burg Alt-Eberstein folgen Sie der Straße weiter und biegen bei der Bushaltestelle »Altes Schloß« nach links ab in Richtung Ebersteinburg. In Ebersteinburg, einem Ortsteil von Baden-Baden, sehen Sie zur Linken schon die Ruine. Bei einer Querstraße biegen Sie nach links ab (»Rastatt, Haueneberstein, Alt-Eberstein«), nach 50 m geht's wieder rechts (ausgeschildert). Parkplätze stehen sowohl am Berg als auch in der Vorburg zur Verfügung.

Die Burg ist fast zu gut wiederhergestellt, romantische oder geheimnisvolle Ecken fehlen völlig. Die Burgschenke serviert auf der Terrasse Kaffee und Kuchen. Sehr lohnend ist eine Besteigung des Bergfrieds (Erwachsene DM 1,–, Kinder DM –,50), von wo aus man nach Überwindung von 70 Stufen einen einmaligen Rundblick hat auf das Dorf Ebersteinburg, in den Schwarzwald mit dem Merkur (Sendemast, Bergbahn), ins Murgtal mit Gaggenau sowie in die Rheinebene bis nach Frankreich hinein.

Durlacher Turmberg (48 km)

Zunächst fahren Sie die kleine, verschlungene Straße von Alt-Eberstein wieder hinab ins Tal. Weiter unten heißt diese Straße »Brunnenlinde«. Sie stößt auf die Ebersteinburger Straße, in die Sie nach links einbiegen. Nun fahren Sie geradeaus (»Gernsbach, Baden-Baden Centrum«), bis Sie erneut auf eine Querstraße stoßen (unbeschildert). Hier geht's nach links und dann immer weiter Richtung »Gaggenau, Selbach«. Kurz vor Gaggenau biegen Sie nach rechts auf die B 462 Richtung Autobahn, Rastatt. Nach etwa 13 km kommen Sie an der Auffahrt zur A 5 vorbei; Sie bleiben jedoch auf der

Bundesstraße und zweigen weitere 1,5 km danach auf die B 3/B 36 Richtung »Karlsruhe, Ettlingen, Durmersheim« ab. Bald danach teilen sich die zwei Bundesstraßen; Sie halten sich rechts auf der B 3 (»Karlsruhe, Ettlingen«). Nun bleiben Sie immer auf der B 3 und lassen sich auch durch mißverständliche Beschilderungen wie »Bad Herrenalb« nicht aus der Ruhe bringen. Noch bevor Sie das Ortsschild »Karlsruhe – Stadtteil Durlach« erreichen, sehen Sie den Turmberg vor sich. Die B 3 wird in Durlach zur Badener Straße, dann zur Gymnasiumstraße, dann zur Grötzinger Straße. Bei einer größeren Kreuzung ist rechts deutlich »Stupferich« ausgeschildert. Diese Kreuzung überqueren Sie noch geradeaus (»Autobahn, Bruchsal, Pforzheim«), biegen dann jedoch in die zweite Straße nach rechts ein (»Bergbahnstraße«). Vor sich sehen Sie die Talstation der Turmbergbahn, mit der Sie den Turmberg erreichen. (Die direkte Zufahrtsstraße auf den Berg ist tagsüber gesperrt). Die Rückfahrkarte kostet für Erwachsene DM 2,50, für Kinder, Hunde und Fahrräder DM 1,30. Die Bahn verkehrt alle 15 Minuten innerhalb etwas eigenwilliger Zeiten, die zudem Jahr für Jahr neu festgelegt werden. Kurz zusammengefaßt: Von Ende März bis Anfang November fährt sie täglich nachmittags, zum Teil auch am späteren Vormittag; in der restlichen Zeit des Jahres nur samstags, sonn- und feiertags von 10 bis 18 Uhr, bei Rodelwetter auch Montag bis Freitag. Auf 315 m Streckenlänge überwindet die Turmbergbahn einen Höhenunterschied von 100 m. Natürlich kann man den Turmberg auch zu Fuß besteigen.

Der Turm selbst ist montags bis freitags von 8 bis 18 Uhr, am Samstag und Sonntag von 10 bis 19 Uhr geöffnet, von Dezember bis März nur an Wochenenden von 10 bis 16 Uhr. Der Eintritt ist frei. Beim Drehkreuz am Turmfuß muß man einen kleinen, unscheinbaren schwarzen Knopf drücken muß. Die oberste Plattform (277 m ü. M.) erreicht man auf 127 Stufen. Bei klarer Sicht hat man einen interessanten Blick über Durlach, Karlsruhe, in die Vogesen, in die Pfalz. Bei dem Turm selbst handelt es sich um den (restaurierten und ergänzten) Bergfried einer alten Stauferburg aus dem 12. Jahrhundert. Leider weist keine Tafel auf diesen Zusammenhang hin.

Burg Eberbach (101 km)

Die folgende Route führt zum Teil über die Autobahn, zum Teil über Land. Wenn Sie schneller sein wollen, fahren Sie auf der A 5 bis »Heidelberg, Schwetzingen« und dann über die B 37 nach Eberbach; Sie können natürlich auch die ganze Strecke auf Landstraßen zurücklegen.

Mit der Turmbergbahn fahren Sie zunächst wieder gen Tal, dann die Bergbahnstraße zurück und an ihrem Ende rechts in die Grötzinger Straße. Nach 1,2 km biegen Sie rechts ab Richtung »Autobahn, Karlsruhe« und dann auf die A 5 Richtung Frankfurt.

Beim Autobahnkreuz Walldorf fahren Sie rechts zur A 6/A 61 (»Mannheim, Koblenz, Saarbrücken, Heilbronn«) und gleich wieder rechts auf die A 6 (»Heilbronn«), die Sie bei der Ausfahrt »Sinsheim« verlassen. Am Ende der Ausfahrt biegen Sie nach links (»Sinsheim, Mosbach, Eberbach, Neckargemünd«) auf die B 39/B 292. Weiter auf der B 292 Richtung Eberbach. Knapp zwei Kilometer weiter wechseln Sie auf die B 45 (»Heilbronn, Eberbach, Heidelberg, Neckargemünd«) und bleiben 13 km lang auf der Bundesstraße, bis Sie das Flüßchen Elsenz überqueren. Hier zweigen Sie nach rechts (»Mönchzell, Meckesheim«) ab.

In Meckesheim teilt sich die Straße, Sie halten sich links (»Eschelbronn, Mönchzell«) und nach etwa 250 m wieder links (»Eberbach, Lobbach, Mönchzell«). Über Mönchzell kommen Sie nach Lobenfeld. An einer großen Kreuzung im Ort geht's geradeaus (beschildert), dann stößt die Straße auf eine Querstraße, in die Sie nach rechts einbiegen (»Eberbach, Aglasterhausen, Waldwimmersbach«). In Waldwimmersbach geht es kurz vor Ortsende nach links (»Eberbach, Schönbrunn, Haag«). Sie erreichen Haag; kurz nach Ortsende teilt sich die Straße, Sie fahren links (»Eberbach, Schönbrunn«). Über Allemühl und Pleutersbach kommen Sie nach Eberbach.

Hier fahren Sie Richtung »Neckarbrücke, Stadtmitte«, nach der Neckarbrücke links (»Miltenberg, Mudau, Ittertal-Sporthalle«) und oben auf der Höhe, wenn Sie zur Linken eine Aral-Tankstelle sehen, rechts (»Buchen, Mudau, Waldbrunn«). Etwa 1 km nach dem Eberbacher Ortsendeschild befindet sich in einer langgezogenen Rechtskurve links die Abzweigung zu einem kleinen Parkplatz (beschildert: »Ruine Eberbach«). Von hier aus erreichen Sie die Ruine Eberbach in einem mäßig steil ansteigenden Fußweg nach etwa einer Viertelstunde Wegstrekke (1 km). Dieser Pfad geht zunächst geradeaus den Berg hoch und stößt nach Überquerung eines Mauerrestes auf einen Querweg, den Sie nach links einschlagen.

Mitten im Wald finden sich auf einer Länge von 200 m und einer Breite von 45 m die Reste von drei in sich abgeschlossenen Burgen aus dem 12. und 13. Jahrhundert. Zauberhaft sind die romanischen Bogenfenster im Obergeschoß des Palas der Mittelburg. Die Hinterburg liegt recht versteckt hinter einer Schutzhütte mit Grillgelegenheit. Von 1403 bis zum Beginn unseres Jahrhunderts verfiel die Bausubstanz; dann wurden die Ruinen ausgegraben, gesichert und teilrestauriert. Dies geschah jedoch behutsam, so daß die von Efeu überwucherte, beeindruckende Anlage wie von einem Geheimnis umgeben ist und man sich das Ritterleben bildlich vorstellen kann.

Kloster Maulbronn (81 km)

Vom Parkplatz fahren Sie wieder hinunter nach Eberbach; im Ort zunächst Richtung »Heidelberg, Mosbach, Stadtmitte« und dann geradeaus weiter Richtung »Neckarbrücke, Stadtmitte«. Bei einer Kirche unten im Tal ist dann wieder »Heidelberg, Mosbach«, separat auch »Neckarbrücke« beschildert. Sie stoßen auf die Neckarstraße, biegen in diese nach rechts (»Aglasterhausen, Lobbach, Rockenau, Pleutersbach«) ein und folgen nun immer den Schildern nach Aglasterhausen. In Aglasterhausen halten Sie sich rechts Richtung Heidelberg; etwa 1,5 km hinter dem Ort biegen Sie nach links ab Richtung Reichartshausen. Dort folgen Sie der Beschilderung nach rechts (»Epfenbach«), in Epfenbach geht's zuerst rechts (»Heidelberg, Meckesheim«) und nach 400 m links (»Sinsheim, Waibstadt«). In Waibstadt zweigen Sie nach links ab (»Sinsheim«) und 600 m weiter nach rechts auf die B 292 (»Karlsruhe, Sinsheim«). Sie bleiben etwa 5 km auf der Bundesstraße und zweigen dann nach rechts Richtung »Sinsheim Stadtmitte« ab.

In Sinsheim halten Sie sich zunächst geradeaus, biegen an der verampelten Kreuzung links ab (»Heilbronn, Weiler«) und dann gleich wieder rechts (»Weiler«). Schon von weitem sieht man die Ruine Steinsberg in Weiler. In Weiler selbst halten Sie sich geradeaus (»Eppingen, Hilsbach«). Sie fahren durch Hilsbach und Adelshofen und stoßen dann auf eine Querstraße, die Sie nach links bis Eppingen fahren. Einen knappen Kilometer nach dem Eppinger Ortsschild stoßen Sie wieder auf eine Querstraße (unbeschildert); hier geht's nach rechts. Sie kommen zur B 293, hier müssen Sie wieder rechts (»Karlsruhe, Bretten«), dann gleich wieder links (»Brackenheim«) und 400 m weiter wieder rechts (»Alle Richtungen«), dann weiter Richtung Zaberfeld, Mühlbach. Wenn Sie Lust haben, einen Abstecher zu unternehmen: die Ruine Ottilienburg (zwischen Eppingen und Kleingartach), die Ruine Ravensburg über Sulzfeld und die Ruine Leinburg bei Kleingartach sind in kurzer Zeit zu erreichen. Durch Mühlbach und Ochsenburg kommen Sie nach Leonbronn. Sie stoßen auf eine Querstraße (»Sternenfelser Straße«), in die Sie nach rechts (»Bretten, Sternenfels«) einbiegen. Man sieht dann schon bald den Aussichtsturm auf dem Sternenfelser Schloßberg. In Sternenfels fahren Sie links (»Pforzheim, Mühlacker, Maulbronn, Diefenbach«) und folgen dann der Beschilderung »Mühlacker, Diefenbach«. Über Diefenbach kommen Sie nach Zaisersweiher. 500 m im Ort knickt die Hauptstraße nach links ab; Sie fahren jedoch geradeaus Richtung Maulbronn, das Sie nach 3 km erreichen. Hier geht es zunächst den Berg hinunter ins Tal, wo Sie auf eine Querstraße stoßen, in die Sie nach rechts einbiegen. Nun geht es immer geradeaus durch den Ort. Nach 600 m vollzieht die Straße eine leichte Rechtskurve; auf der linken Seite sehen Sie schon das Klostertor. Hier biegen Sie nach links in die Talauen ab, wo zahlreiche Parkplätze zur Verfügung stehen.

Die vollständig erhaltene mittelalterliche Zisterzienserkloster-Anlage ist vor allem zu Zeiten sehr beeindruckend, in denen nicht so viele Touristen Maulbronn besuchen. Der jederzeit zugängliche, weite Klosterhof mit seinen vielen Nebengebäuden (im ehemaligen Marstall das Maulbronner Rathaus) ist ebenso sehenswert wie die 1178 geweihte Klosterkirche und die zauberhafte Brunnenkapelle. Die Klostergebäude selbst sind von April bis Oktober täglich zwischen 8.30 und 18.30 Uhr, von November bis April täglich außer Montag zwischen 9.30 und 13 sowie zwischen 14 und 17 Uhr zu besichtigen. Führungen werden täglich außer Montag um 11.15 Uhr und um 15 Uhr angeboten. Im Südosten der Anlage sieht man noch heute den Faustturm, in dem der Alchimist 1516 gewerkelt haben soll.

Schloß Sachsenheim (26 km)

Vom Talauen-Parkplatz in Maulbronn biegen Sie nach links, Richtung Schmie, in die Durchgangsstraße. Nach 2,5 km wechseln Sie in Richtung Stuttgart, Illingen (zweite Auffahrt!) auf die B 35, die nach gut 7 km in die B 10 Richtung »Stuttgart, Vaihingen/Enz, Heilbronn« mündet. Genau 3,2 km weiter sehen Sie eine Abzweigung, an der »Heilbronn, Vaihingen-West« ausgeschildert ist. Hier fahren Sie geradeaus. Erst nach weiteren 500 m biegen Sie nach links ab (Schild: »Vaihingen/Enz-West«). Die Straße führt unterhalb von Schloß Kaltenstein vorbei und nach 1 km aus der Stadt. Nun geht es immer geradeaus. An einer Stop-Stelle stoßen Sie auf eine abknickende Vorfahrtsstraße; auch hier fahren Sie geradeaus weiter (»Heilbronn, Bietigheim-Bissingen«). In Kleinglattbach teilt sich die Straße; Sie halten sich Richtung »Bietigheim, Sersheim« und kommen über Sersheim nach Großsachsenheim. Hier folgen Sie zunächst der Durchgangsstraße ins Tal und, unter einer Eisenbahnbrücke hindurch, wieder auf den Berg. Wenn Sie den höchsten Punkt erreicht haben, sehen Sie auf der linken Seite ein kleines Möbelhaus. Danach zweigt zwischen der Kreissparkasse und einem Haus mit auffälliger »Allianz«-Reklame eine Gasse nach links ab, in die Sie einbiegen. Sie rollen nun direkt auf einen Brunnen zu, den Sie rechts umfahren. Zwischen Schloßapotheke und »Spielwaren Bader« öffnet sich ein schmaler Durchlaß: Hier kommen Sie direkt auf den Vorhof des Schlosses mit Parkmöglichkeiten.

Die Stammburg der Herren von Sachsenheim lag südlich von Großsachsenheim in der Gegend des heutigen Egartenhofs (Ruine erhalten). Im 14. Jahrhundert bauten die auch über den Ort hinaus bedeutenden Adeligen ihr Wasserschloß an der Stelle, an der Sie nun stehen. 1542 brannte es ab; zwei Jahre später führte es Reinhard von Sachsenheim im Renaissancestil neu auf. 1832 fiel der Südflügel einem erneuten Brand zum Opfer. Im Zuge einer durchgreifenden Renovierung und des Umbaus des mittlerweile der Stadt Großsachsenheim gehörenden Schlosses zum Rathaus in den Jahren 1959 bis 1962 wurde er wiederaufgebaut; dabei stieß man auf die Bergfried-Fundamente des ursprünglichen Schlosses. Heute wird das Schloß vollständig von der Verwaltung genutzt; besichtigen kann man nur den Innenhof. Links neben dem Eingangstor ist eine Figur des Klopferle zu sehen.

Schloß Ludwigsburg (18 km)

Vom Sachsenheimer Schloß fahren Sie zurück auf die Durchgangsstraße, in die Sie nach links einbiegen. Gleich darauf verzweigt sich die Straße; Sie halten sich rechts Richtung Ludwigsburg und folgen nun über Untermberg, Bissingen und Tamm immer den Schildern Richtung Ludwigsburg. Hinter Tamm stoßen Sie auf die B 27, in die Sie nach rechts (»Autobahn, Stuttgart, Ludwigsburg«) einbiegen. Kurz danach fahren Sie an der Autobahnauffahrt vorbei immer geradeaus Richtung Ludwigsburg. Sie erreichen den Stadtteil Eglosheim.

Wenn Ihnen nach einem Spaziergang zumute ist (aber nur dann!), biegen Sie an der beschilderten Abzweigung (»Freiberg a. N.«) nach links, 1 km weiter wieder nach links zum Seeschloß Monrepos; von hier aus können Sie durch eine prächtige Allee über Schloß Favorite zum Ludwigsburger Schloß lustwandeln (Entfernung ca. 3 km).

Anderenfalls bleiben Sie auf der B 27 Richtung Stuttgart, bis die Straße eine Rechtskurve beschreibt und ansteigt. Vor der Unterführung, die nun in Sicht kommt, scheren Sie nach rechts aus. Nun sehen Sie auf der linken Straßenseite schon das Schloß. Sie kommen zu einer Ampel, halten sich hier links und folgen dann den Schildern zu den verschiedenen Parkmöglichkeiten.

Schloß Ludwigsburg ist das größte erhaltene Barockschloß Deutschlands; alle vier Flügel sowie die wesentlichen Bauten wurden 1704 bis 1725 errichtet. Besichtigung mit Führung ist von April bis Oktober zwischen 9 und 16 Uhr jede halbe Stunde möglich. Ebenfalls von April bis Oktober findet alljährlich rund um das Schloß die Gartenschau »Blühendes Barock« (mit Märchengarten und Groß-Voliere) statt.

Burg Katzenstein (125 km)

Vom Parkplatz in Ludwigsburg fahren Sie zurück zur B 27 und folgen der Bundesstraße bis Stuttgart. An der ersten Ampel (nach einer abfallenden Linkskurve) geht es rechts, dann immer geradeaus, und zwar zunächst eben, dann eine deutliche Steigung hinauf. Beim Pragsattel, wenn der höchste Punkt erreicht ist und sich die vierspurige Straße auf acht Spuren weitet, halten Sie sich halblinks (B 10, »Ulm, Nürnberg«). Die Straße führt wieder ins Tal. Sie folgen nun immer der Beschilderung Richtung »Nürnberg, Aalen«, gelangen beim Daimler-Benz-Werk Untertürkheim auf die über eine Brücke geführte B 14, fahren durch einen langen Tunnel, bis Sie hinter Fellbach die freie Landschaft erreichen. Nun teilt sich die Straße; Sie halten sich rechts Richtung Aalen (B 29). Sie kommen an Schorndorf und Lorch vorbei (sehenswerte Benediktinerkloster-Anlage, eine staufische Stiftung) nach Schwäbisch Gmünd.

Wer will, kann von Lorch aus einen lohnenden Umweg machen: Richtung Göppingen nach Wäschenbeuren, dort rechts zum Wäscherschlößle (1230 erbaut), weiter Richtung Maitis, dort rechts Richtung Göppingen bis Hohenstaufen und zu Fuß auf den gleichnamigen Berg (Grundmauern der 1079 erbauten Burg, einst Stammsitz und Namensgeber der

Staufer), nun nicht weiter Richtung Göppingen, sondern zurück Richtung Maitis/Schwäbisch Gmünd und nach dem Ort Hohenstaufen rechts Richtung Schwäbisch Gmünd, bald wieder rechts Richtung Rechberg, Ottenbach, bei der Querstraße links bis Rechberg-Hinterweiler, auf das Kleine Rechbergle zur eindrucksvollen Burgruine (12. Jahrhundert, Stammsitz der staufischen Ministerialenfamilie von Rechberg) und zur Wallfahrtskirche auf den Hohenrechberg, von dort weiter nach Schwäbisch Gmünd (Umweg ca. 20 km).

In Schwäbisch Gmünd fahren Sie weiter auf der B 29 Richtung Aalen bis Aalen (Limes-Museum, Geologisch-paläontologisches Museum). In Aalen stoßen Sie auf die B 19; folgen Sie der Beschilderung Richtung »Heidenheim«! Sie fahren vorbei an Unterkochen, Oberkochen (Kocherursprung), Königsbronn (Brenzursprung), Itzelberg (Itzelberger See), bis Sie ca. 2,5 km hinter Itzelberg nach links abbiegen (»HDH-Großkuchen, HDH-Rotensohl«). Sie gelangen nach Großkuchen, wo Sie gleich nach dem Ortsschild rechts abbiegen (»Neresheim«). Nach 1,5 km stoßen Sie auf die B 466, in die Sie nach links einbiegen. Bald hat man einen schönen Blick auf den Ort mit seiner bekannten Benediktinerklosterkirche, dem barocken Meisterwerk von Balthasar Neumann, dessen Grundriß auf dem Fünfzigmarkschein abgebildet ist, und nach einigen Kilometern auf der B 466 erreichen Sie Neresheim. Im Ort knickt die Bundesstraße scharf nach links ab; Sie fahren jedoch geradeaus (»Dischingen«). In Dischingen-Iggenhausen, das nach 4,5 km auftaucht, biegen Sie 100 m vor dem Ortsschild – am »Gasthaus zur Einkehr« – nach links in eine kleine Straße (»Kirchlesberg«) ein, die an einem alten Pumpbrunnen vorbei steil den Hexenberg hochführt. (Linker Hand nach 100 m schöne Barockkapelle.) Nach ca. 1 km ist der Gipfel erreicht; man sieht rechts unten im Tal auf den Härtsfeldsee und hat einen eindrucksvollen Blick auf Burg Katzenstein, allerdings durch die umgebenden Fabrikbauten etwas getrübt. Das Sträßchen mündet als »Unterer Weiler« im Ort Katzenstein, wo Sie sich zunächst links halten und nach 100 m die Straße rechts hoch zur Burg nehmen.

Burg Katzenstein, 1099 erstmals urkundlich erwähnt und seit 1939 in Privatbesitz, erhebt sich eindrucksvoll auf einem Jurafelsen. Der mittelalterliche Wehrbau wurde mit Landesmitteln restauriert; eine Besichtigung ist jedoch nicht möglich, das Gelände ist sogar mit Gittern versperrt. Das weitere Schicksal des Gemäuers ist unklar; Gerüchte besagen, die Scientology-Sekte wolle die Burg kaufen und sie für ihre Zwecke nützen. Interessant wären die Wehrhöfe, die romanischen Kamine ... und die Fresken der Burgkapelle: Unter zwei Putzschichten schälten sich nacheinander barocke und gotische Fresken heraus, von denen je ein Quadratmeter stehengelassen wurde. Die dritte, unterste Putzschicht bedeckte die wertvollsten Fresken aus der Übergangszeit von der Romanik zur Gotik (Christus in der Mandorla – schon im Spitzbogen).

Wer will, kann noch einen kleinen Abstecher machen: Fährt man die Straße weiter bergauf zum südöstlichen Ortsende, gabelt sie sich und führt rechts nach Schrezheim und weiter zum »Märchenschloß« Thurn und Taxis bei Trugenhofen. Von hier kann man Richtung Dischingen weiterfahren, am Dischinger Ortsanfang rechts Richtung Katzenstein. So kommt man am Härtsfeldsee vorbei und wieder zurück nach Katzenstein.

Ruine Hohengundelfingen (124 km)

Wo sich die nordöstliche Ortsausfahrt in Katzenstein gabelt, biegen Sie links Richtung Frickingen ab, das Sie nach 1 km erreichen. Am Ortsende von Frickingen zweigen Sie links Richtung Kösingen ab.

Wenige hundert Meter darauf stoßen Sie auf die im Text erwähnte Römerstraße, in die Sie nach links einbiegen. Sie führt etwa 6 km kerzengerade durch Getreide- und Maisfelder, Wiesen und Waldstücke zur B 466. Dabei muß man nach 3,5 km die Verbindungsstraße Neresheim–Kösingen überqueren! In die B 466 biegen Sie nach links in Richtung Ohmenheim ab und folgen ihr über Neresheim und Nattheim bis Heidenheim und noch ein paar Kilometer weiter Richtung Göppingen. Bei Steinheim-Sontheim biegen Sie jedoch links ab Richtung Gerstetten. In Gerstetten geht's links und gleich wieder rechts bis Sontbergen, weiter über Amstetten-Bräunisheim nach Stubersheim, dort links Richtung Ulm und über Hofstett-Emerbuch nach Amstetten. In Amstetten biegen Sie links und nach ca. 200 m wieder links ab Richtung Reutti. An Reutti vorbei fahren Sie nun bis Oppingen und weiter bis Nellingen, im Ort folgen Sie den Autobahnschildern nach links und kurz vor Ortsende nach rechts.

Sie kommen an der Ausfahrt »Merklingen« der A 8 vorbei nach Merklingen, fahren geradeaus bis Machtolsheim, dort zunächst geradeaus und dann rechts Richtung Laichingen. 2 km nach dem Ort biegen Sie nach links ab Richtung Münsingen, das Sie über Heroldstatt-Sontheim, Ennabeuren, Breithülen, Magolsheim und Böttingen erreichen. In Münsingen stoßen Sie auf die B 465, in die Sie nach rechts Richtung Bad Urach einbiegen. Schon nach 500 m zweigen Sie jedoch links ab (»Zwiefalten, Hayingen«). Über Buttenhausen (vom 18. Jahrhundert bis zur NS-Zeit bedeutende jüdische Gemeinde, sehenswerter jüdischer Friedhof), Hundersingen (Burgruine aus dem 12. Jahrhundert) und Bichishausen gelangen Sie nach Gundelfingen. Schon vor dem Ort erblicken Sie links, hoch oben, Hohengundelfingen, sowie rechts Niedergundelfingen. Gleich nach dem Ortsschild biegen Sie links in den Hohengundelfinger Weg ein, der steil nach oben führt. Nach gut 1 km erreichen Sie eine Hochebene; nach weiteren 500 m biegen Sie scharf nach rechts ab, wo Sie einen kleinen Parkplatz finden. Den (ab hier gesperrten) Weg gehen Sie weiter und kommen nach etwa 500 m zur Ruine Hohengundelfingen.

Wer körperlich in guter Verfassung ist, kann die Ruine von Gundelfingen aus auf einem kleinen, sehr steilen Fußweg erreichen (1 km) oder über den »Schwarzwald-Schwäbische Alb-Allgäu-Weg«, den Hauptwanderweg 5 des Schwäbischen Albvereins. Die Burg selbst, 708 m ü. M., wurde im 11. Jahrhundert erbaut und ab dem 16. Jahrhundert dem Verfall überlassen. »Der Bergfried«, so heißt es auf einer Tafel, »ist mit riesigen Bossenquadern (Kantenlänge 1,5 m, Dicke bis zu 1 m) und sorgfältig ausgeführtem Randschlag eines der hervorragendsten Baudenkmäler dieser Zeit und Art im ganzen Land. Die Grundfläche beträgt 8,6 x 8,1 m, die ursprüngliche Höhe dürfte mehr als das Doppelte des heute noch vorhandenen 12 m hohen Bergfriedstumpfes betragen haben.« 1939 ging die Ruine in private Hände über; der Besitzer hat sich jedoch um die Restaurierung verdient gemacht. Das Gelände ist jederzeit zugänglich und bietet einen phantastischen Blick ins Lautertal und auf das sehr viel tiefer auf einem Umlaufberg der Großen Lauter gelegene Niedergundelfingen, halb Ruine, halb bewohnt, ebenfalls in Privatbesitz, jedoch nicht zu besichtigen. Von unten besser als von oben sieht man einige Jura-Nadeln, Felsfinger ein wenig unterhalb Hohengundelfingens – die »Steinerne Jungfrau« mit ihren Kindern.

Ehemalige Burg Ringingen (54 km)

Sie fahren zurück nach Gundelfingen und dort rechts auf die im Tal entlangführende Straße, also zurück Richtung Münsingen. In Buttenhausen biegen Sie jedoch links ab (»Gomadingen, Marbach«) und nach dem Ortsausgang von Wasserstetten wieder links (»Zwiefalten, Hayingen, Ho.-Eglingen«). In Eglingen geht's geradeaus weiter Richtung Reutlingen. Sie kommen durch Hohenstein-Ödenwaldstetten (Bauernhausmuseum), biegen dann kurz vor Bernloch links ab Richtung Riedlingen, noch einmal links auf die B 312 Richtung Riedlingen und sofort wieder rechts in Richtung Hohensteinschule, dann jedoch nicht noch einmal rechts (das wäre die Schul-Zufahrt), sondern geradeaus. Sie erreichen Meidelstetten und stoßen in der Ortsmitte auf die Durchgangsstraße, in die Sie nach links abzweigen. Schon nach ein paar Metern scheren Sie nach rechts aus in die Erpfinger Straße Richtung Haid. Auf einem geteerten Feldweg erreichen sie beim Bahnhof Haidkapelle (rechts eine Standortverwaltung der Bundeswehr) eine Art Kreisverkehr; Sie halten sich halblinks. 500 m danach stoßen Sie auf die B 313, fahren rechts (»Reutlingen, Engstingen«) und sofort wieder links (»Sonnenbühl, Bärenhöhle, Sonnenmatte«). Wer will, kann von dieser Straße aus einen Abstecher zur Bärenhöhle, der bekanntesten Tropfsteinhöhle der Schwäbischen Alb, unternehmen (Besichtigung möglich, über der Höhle Vergnügungspark). Nach einiger Zeit stoßen Sie wieder auf eine Querstraße, die Sie nach links (»Gammertingen, Burladingen«) einschlagen. Vorbei am Feriendorf Sonnenbühl kommen Sie durch Erpfingen. Kurz nach dem Ortsende sehen Sie das Jugenddorf Sonnenmatte mit der bekannten Sommerbobbahn. Auf der linken Seite der Straße erhebt sich der Schloßberg mit der Ruine Hohenerpfingen (Reste eines Sechseckturms). Sie gelangen nach Stetten unter Holstein (links im Wald Ruine Holstein mit umfangreichen Mauerresten), zweigen im Ort rechts ab (»Tübingen, Melchingen«) und in Melchingen kurz vor dem Ortsausgang links (»Tübingen, Mössingen«). Wenige Meter darauf geht's gleich wieder links (»Hechingen, Burladingen, Salmendingen«). Übrigens gibt es auch in Melchingen eine Ruine zu sehen (vor dem Ortseingang rechter Hand im Wald). Sie kommen durch Salmendingen (Burgruine) und vor allem an der zauberhaft gelegenen »Salmendinger Kapelle« auf dem Kornbühl vorbei. Das der heiligen Anna geweihte Wallfahrtskirchlein wurde um 1500 von Veronika von Neuneck gestiftet. Nun erreichen Sie Ringingen, das seit der Gemeindereform ein Stadtteil von Burladingen ist. Fahren Sie durch den Ort weiter Richtung Burladingen. Die Straße steigt an; nach dem Ortsausgang sehen sie in einer recht unübersichtlichen Linkskurve ein nach rechts weisendes Schild »Sportplatz, Schützenhaus«, und 20 m danach zweigen Sie in den unbeschilderten Feldweg nach links ein. Sie gelangen zu einem kleinen Parkplatz, von wo aus ein steiler Weg auf den Neh- oder Nähberg führt.

Von der Burg der Edelfreien von Ringingen, die schon Mitte des 16. Jahrhunderts eine Ruine war, ist nur das Fundament des heutigen Aussichtsturms erhalten. Gut zu sehen ist der Halsgraben der Burg. Die Besteigung des Turms wird mit einer zauberhaften Aussicht hinüber zur Salmendinger Kapelle, aufs Heufeld und das Albvorland belohnt.

Ruine Veringen (31 km)

Nun fahren Sie nicht zurück nach Ringingen, sondern von dem Feldweg nach links auf die Straße und diese weiter bis Burladingen. Dort stoßen Sie auf die B 32, in die Sie nach links einbiegen (»Sigmaringen«). Sie kommen durch Gauselfingen, Neufra, Gammertingen, Hettingen (Schloß), Hermentingen und verlassen die Bundesstraße bei der Ausfahrt »Veringenstadt«. Halten Sie sich rechts Richtung Stadtmitte, zu der Sie der Lauchert entlang (»Bahnhofstraße«) kommen. Vielleicht schauen Sie sich dann erst einmal in dem Städtchen um, in dem der Nachtwächter Hans Drescher einst Dienst getan hat. In der Stadtmitte jedenfalls stoßen Sie auf eine Querstraße (links sieht man eine Brücke); hier fahren Sie beim Strüblhaus ganz scharf rechts (also nicht nur »normal« rechts Richtung Sigmaringen) den sehr schmalen und steilen Kirchweg hinauf. Dieser geht in den Burgweg über. Direkt oben auf dem Schloßberg besteht eine Parkmöglichkeit für ein bis zwei Autos. Von hier gehen Sie wenige Meter zurück und dann ca. 300 m den Fußweg auf dem Bergrücken entlang. So gelangen Sie zur Burgruine.

Das Gebiet von Veringenstadt war schon sehr früh besiedelt. Mindestens vier Höhlen der Felsen links und rechts der Lauchert dienten schon altsteinzeitlichen Jägern als Wohnung. Auch die Steinhügelgräber, die man auf den Höhen fand, weisen historisch sehr weit zurück. So verwundert es nicht, daß man auch im Burgbereich vorgeschichtliche Keramik fand, und zwar so zahlreich, daß hier eine Siedlung der frühen Keltenzeit vermutet werden kann. Die Burg selbst wurde um 1100 erbaut. Von 1291 bis 1806 gehörte die Anlage – wie die ganze Grafschaft Veringen – den Habsburgern. 1345 bis 1459 überließen sie die Burg den Grafen von Württemberg als Pfand; in dieser Zeit geriet sie »in Abgang« und verfiel nach 1487 endgültig. 1977 bis 1983 wurden umfangreiche Bausicherungsmaßnahmen durchgeführt, die die Ruine allerdings ihrer geheimnisvollen Aura beraubten. Heute ist sie sauber, jederzeit gut begehbar, ungefährlich ... und leider ziemlich langweilig.

Schloß Sigmaringen (16 km)

Von Veringenstadt müssen Sie zunächst zurück auf die Bundesstraße 32. Dazu können Sie auch den Burgweg weiter auf dem Bergrücken entlangfahren und dann scharf rechts in die etwas größere Querstraße (»Deutstetter Straße«) einbiegen, die hinunter ins Tal führt. Dort stoßen Sie auf die Bahnhofstraße, in die Sie nach links einbiegen, und folgen der Beschilderung nach »Sigmaringen«. Bei Sigmaringen überqueren Sie auf einer großen Brücke die Donau und sehen dabei linker Hand schon das markante, eindrückliche und riesengroße Schloß. Sie folgen den Schildern Richtung Stadtmitte, wo Sie das Schloß (auf einer Anhöhe) gar nicht verfehlen können.

Der Kern des Schlosses geht auf eine stark befestigte Burganlage des 11. Jahrhunderts zurück. 1627 bis 1630 erfolgte der Aus- und Umbau zum Schloß. Nach einem Brand wurde die Anlage 1895 bis 1908 von dem Münchner Architekten Emanuel von Seidl wiederaufgebaut und »romantisiert«. 1535 bis 1850 fungierte das Schloß als Sitz der Grafen von Hohenzollern-Sigmaringen. Die Besichtigung des Schlosses lohnt, ist jedoch nur mit Führung möglich (Februar bis November täglich von 8.30–12 und 13–17 Uhr, Dezember und Januar nur für Reisegesellschaften nach Voranmeldung, Dauer: 45 Minuten, Erwachsene DM 5,–). Das mit der Besichtigung zugängliche Marstallmuseum zeigt alte Kutsch-, Jagd- und Galawagen sowie Schlitten.

Ruine Falkenstein (17 km)

Von der Sigmaringer Innenstadt fahren Sie zurück in Richtung Bundesstraße, dann aber nicht auf die B 32, sondern geradeaus weiter Richtung »Beuron/Donautal, Laiz«. In Laiz zweigen Sie rechts nach Beuron. Bald sehen Sie links die Ruine Dietfurt und kommen an Gutenstein vorbei nach Thiergarten, einem Ortsteil von Beuron. Entweder Sie stellen Ihr Fahrzeug schon hier ab und folgen per pedes dem »Schwäbische Alb-Südrand-Weg«, dem Hauptwanderweg 2 des Schwäbischen Albvereins, oder Sie biegen mitten im Ort nach rechts in die kleine Straße »Zum Steinbruch« (Hinweisschilder »Zu den Steinwerken« und »Ruine Falkenstein, Schaufelsen, Steighöfe«). Nach vielleicht 400 m gelangt man tatsächlich zu einem Steinbruch. Hier gibt es kaum Parkmöglichkeiten; der weitere Weg ist für Fahrzeuge gesperrt. Schnüren Sie also spätestens hier Ihre Wanderstiefel und gehen Sie geradeaus weiter, bis nach ca. 1 km ein kleines Schild nach links weist. Auf einem Feldweg durchqueren Sie eine landwirtschaftlich genutzte Ebene und gelangen zum Waldrand, wo sich der Weg sehr versteckt geradeaus als Trampelpfad fortsetzt. Nach einigen Serpentinen stößt der Pfad auf einen größeren Weg, den Sie nach rechts bergaufwärts einschlagen. Er führt nach etwa 10 Minuten direkt zur Ruine. (Gesamter Fußweg ca. 3 km.)

Eine Tafel in der Ruine nennt als vermutliche Erbauungszeit die Jahre 919 bis 973, also die Regierungszeit der ersten beiden Sachsenkönige. Sicherer ist, daß die Burg, nach der sich im 13. Jahrhundert ein Rittergeschlecht nannte, bis in die zweite Hälfte des 17. Jahrhunderts bewohnt war. Damals gehörte sie den Fürstenbergern, die 1670 unten im Tal ein Hammerwerk mit Arbeiterkolonie errichteten. Zuvor befand sich die Burg im Besitz derer von Zimmern, und 1575 legte Graf Wilhelm von Zimmern bei der Burg ein Wildgehege an, von dem der Ort Thiergarten seinen Namen ableitet. 1975 bis 1990 wurde die Ruine baulich gesichert. Es handelt sich um eine große und interessante Anlage. Der umgebende Wald verwehrt leider den Blick ins Tal.

Burg Wildenstein (20 km)

Von Falkenstein aus wandern Sie zurück zu Ihrem Fahrzeug. Achten Sie nach etwa 7 Minuten auf dem Waldweg, der von der Ruine den Berg hinunterführt, auf die Markierung »roter Pfeil auf weißem Grund« und Schilder mit den Zahlen »1« und »3« auf der linken Seite, sonst verpassen Sie den Einstieg in den kleinen Verbindungs-Fußpfad. – Auf der Straße durchs Donautal fahren Sie weiter Richtung »Beuron, Tuttlingen« bis Hausen im Tal. Am Ortsende biegen Sie links ab (»Meßkirch, Burg Wildenstein«); vor Kreenheinstetten, der Heimat des Volkspredigers und Schriftstellers Abraham a Sancta Clara (1644–1709), geht's rechts ab (»Leibertingen, Lengenfeld«). Über Lengenfeld kommen Sie nach Leibertingen, bei der Kreuzung im Ort zweigen Sie nach rechts ab (»Burg Wildenstein, Beuron«). Nach ein paar Metern geht es wieder rechts (ausgeschildert) und dann geradeaus, bis Sie einen Parkplatz erreichen. Von hier sind es noch 100 m zu Fuß.

Von Falkenstein können Sie auf dem »Schwäbische Alb-Südrand-Weg«, dem Hauptwanderweg 2 des Schwäbischen Albvereins, nach Wildenstein und weiter zum Schloß Bronnen wandern.

Die erste urkundliche Erwähnung der Burg Wildenstein (811 m ü. M.) geht ins Jahr 1077 zurück. Im 15. und 16. Jahrhundert diente Wildenstein als Sitz der Grafen von Zimmern, die der Burg ihre heutige Gestalt gaben. Im 17. Jahrhundert diente die Festung vorwiegend als Waffenarsenal, im 18. Jahrhundert als Fürstenbergisches Staatsgefängnis. Seit 1922 ist auf Wildenstein eine Jugendherberge eingerichtet, seit 1971 befindet sich die Burg im Besitz des Deutschen Jugendherbergswerks Schwaben. 1972 wurde eine gelungene Außen- und Innenrenovierung durchgeführt. Die große, beeindruckende Anlage erreicht man nur über eine schmale Brücke (Tor ab 17.30 Uhr geschlossen). Der Innenhof ist frei zugänglich, die Burgschenke lädt zum Verweilen ein (täglich außer montags 11 bis 17 Uhr). Die Innenräume der Burg sind den Jugendherbergsgästen vorbehalten (Anmeldung 17, 19, 21 Uhr). Das gesamte Gebäude ist weiß getüncht und deshalb sogar vom Donautal und den nördlichen Donaufelsen zu sehen.